Reclams Städteführer Köln

Reclams Städteführer · Architektur und Kunst

Köln

Von Cord Beintmann

Reclam

RECLAMS UNIVERSAL-BIBLIOTHEK Nr. 14411
2023 Philipp Reclam jun. Verlag GmbH,
Siemensstraße 32, 71254 Ditzingen
Umschlagabbildung: Die Kranhäuser am Rhein mit dem Dom
im Hintergrund – © Shutterstock/Majonit
Druck und Bindung: Esser printSolutions GmbH,
Untere Sonnenstraße 5, 84030 Ergolding
Printed in Germany 2023
RECLAM, UNIVERSAL-BIBLIOTHEK und
RECLAMS UNIVERSAL-BIBLIOTHEK sind eingetragene Marken
der Philipp Reclam jun. GmbH & Co. KG, Stuttgart
ISBN 978-3-15-014411-4
www.reclam.de

Inhalt

Köln – lebendige Gegenwartsmetropole
mit antikem Ursprung 7

Stadtgeschichte in Daten 26

Kulturkalender 31

Rundgänge 34

Altstadt-Nord 36

Rund um den Hauptbahnhof 36
Zwischen Roncalliplatz und Pipinstraße 53
Zwischen WDR-Funkhaus und Dischhaus 68
Zwischen Tunisstraße und Hohenzollernring 72
Von St. Andreas zum Gerling-Quartier 83
Nördlich des Hauptbahnhofs – zwischen
Konrad-Adenauer-Ufer und Gereonswall 89

Altstadt-Süd 96

Zwischen Pipinstraße und Severinsbrücke 96
Vom Griechenmarktviertel zum Hahnentor 103
Von St. Pantaleon durch das Severinsviertel
zum Rheinauhafen 109

Neustadt 122

Von Norden nach Süden durch die Neustadt 123

Ausgewählte weitere Ziele links des Rheins 136

Rodenkirchen 136
Lindenthal 142
Ehrenfeld 150
Nippes 155
Chorweiler 160

Ausgewählte Ziele rechts des Rheins 162

Deutz 162
Kalk 169
Porz 171
Mülheim 172

Museen 178

Anhang

Übersichtskarte 188
Nachweis der Karten und Abbildungen 189
Weiterführende Informationen 190
Register 193
Zum Autor 199

Köln – lebendige Gegenwartsmetropole mit antikem Ursprung

Urbaner kann eine Stadt nicht sein. Kölns Anfänge liegen sehr lange zurück, es hat gewaltige geschichtliche Räume durchmessen, und heute ist es ein höchst lebendiger Gegenwartsraum, präsent und modern, die viertgrößte Stadt Deutschlands. Die Spannung zwischen der fast fremd wirkenden Würde einer romanischen Kirche und einem entschieden zeitgenössischen Bau macht diese mit Geschichte angefüllte Stadt zu einem Muster urbaner Vielfalt. Schwer, vergangenheitsbeladen kommt Köln allerdings ganz und gar nicht daher. Die große Vergangenheit grundiert das Selbstbewusstsein der Stadt, deren Bewohnern zugleich so beneidenswerte Eigenschaften wie die Fähigkeit zu Lebensgenuss und Leichtigkeit zugeschrieben werden. Köln ist Sitz des größten deutschen katholischen Bistums. In fast 250 Kirchen ist eindrucksvolle Sakralkunst erlebbar, Museen zeigen avantgardistische Kunstwerke des 20. und 21. Jh.s. Im Krieg stark zerstört, ist Köln ein Ort interessanter Nachkriegsbauten und vielgestaltiger Architektur bis zur Gegenwart. Und Köln ist Hochburg des Karnevals, der für viele Einwohner ein Lebenselixier ist und in anderen deutschen Regionen nicht ohne Neid belächelt wird. Nicht zuletzt ist die Stadt ein bedeutender Medienstandort.

Kölns Geschichte beginnt mit einer Verknüpfung von Germanen und Römern. Der römische Feldherr Agrippa veranlasst um 19 v. Chr. den germanischen Stamm der Ubier, der bereits mit den Römern kooperierte, vom rechten Rheinufer ins Linksrheinische überzusiedeln. Eine Ortschaft entsteht, das Oppidum Ubiorum, Kommandozentrale der niederrheinischen Truppen der Römer. Ein der Göttin Roma und dem römischen Kaiser Augustus gewidmeter Altar (Ara Ubiorum), Bestandteil des späteren Stadtnamens, wird errichtet. Im Jahr 15 n. Chr. wird hier Agrippina geboren, Tochter des römischen Feldherrn Germanicus; seit dem Jahr 48 war sie Gattin ihres Onkels, des Kaisers Claudius, und sie war die Mutter des Kaisers Nero – der sie im Jahr 59 ermorden ließ. Agrippina veranlasst im Jahr 50 die Erhebung des Oppidum Ubiorum zur Stadt mit dem aufwendigen Namen Colonia Claudia Ara Agrippinensium (CCAA), in dem Diverses eingeschmolzen ist: *colonia* für die Stadt als römische Ansiedlung, jener Altar (*ara*) und die Namen der Agrippina und des Claudius. Daraus entsteht im Laufe von Jahrhunderten über die Stationen Agrippina, Colonia, Colonia Sancta, Coellen, Coelln und Kölln der Name Köln.

Die römische Kolonie hat eine annäherungsweise quadratische Form mit einem Umfang von 1 km² und ist von einem rechtwinkligen Straßennetz durchzogen, das sich teilweise noch in der heutigen Straßenstruktur abbildet. Hauptachsen sind von Süd nach Nord der *cardo maximus*, Teil der wichtigen römischen Militärstraße von Mainz nach Xanten (heute: Hohe Pforte und Hohe Straße, eine hochverdichtete Ladenzone), und der *decumanus maximus* von Ost nach West (heute: Schildergasse). Wo diese Achsen aufeinandertreffen, erstreckt sich das Forum, Markt- und Versammlungsplatz. Weitere nennenswerte Gebäude der römischen Stadt sind der Kapitolstempel (dort steht heute St. Maria im Kapitol), das Prätorium, der Sitz des römischen Statthalters (Reste befinden sich unter dem Spanischen Bau des Rathauses), Thermen, Aquädukte und Speicherbauten (deren Relikte unter der Kirche Groß-St. Martin erhalten sind). Ein beeindruckendes Zeugnis des römischen Kölns ist das über 70 m² große Dionysos-Mosaik (220/230), einst Fußboden des Speisesaals einer Villa, über dem 1970–74 das Römisch-Germanische Museum errichtet wurde. Die Kolonie ist von einer etwa 4 km langen Mauer umgeben.

Eindrucksvolles Zeugnis des römischen Kölns: das Dionysos-Mosaik aus der Zeit zwischen 220 und 230 n. Chr. im Römisch-Germanischen Museum

Unter Kaiser Domitian (81–96 n. Chr.) wird die CCAA Hauptstadt der Provinz Niedergermanien. Sie ist wichtiger Ort des Handels mit Gütern aus dem Römischen Reich; für die zweite Hälfte des 3. Jh.s werden bereits rund 20 000 Einwohner geschätzt. In der Stadt leben Ubier ebenso wie römische Bürger aus dem gesamten Römischen Reich.

Ein Dekret Kaiser Konstantins aus dem Jahr 321 erlaubt Juden die Übernahme öffentlicher Ämter in Köln. Die Verfügung ist der älteste schriftliche Beleg für eine jüdische Ansiedlung in Deutschland. Für das 4. Jh. ist zudem die erste christliche Gemeinde in Köln belegt, deren erster mit Namen bekannter Bischof, der hl. Maternus, nach Synodalprotokollen 313 an Synoden in Rom (313) und Arles (314) teilnimmt. Schriftlich bezeugt ist ein christlicher Versammlungsraum im Jahr 355. Der Standort ist ungewiss. Möglicherweise entsteht an der

Stelle des heutigen Doms im 4./5. Jh. ein erster kirchlicher Bau. Zwei Fürstengräber (um 540) unter dem Dom, dazu Überreste eines Ambos und eines Baptisteriums, verweisen auf einen Kirchenbau (»ältester Dom«) in dieser Zeit. Außerhalb der römischen Stadtmauer entstehen frühchristliche Vorgängerbauten bedeutender Kölner Kirchen wie St. Georg, St. Gereon, St. Severin und St. Ursula.

355 erobern die Franken die Stadt und zerstören sie; zehn Monate später erobert der Caesar (Unterkaiser) Julian Köln zurück. Doch mit der erneuten fränkischen Eroberung der Stadt 455 ist deren römische Zeit endgültig beendet. Das fränkische Köln liegt über Jahrhunderte in wechselnden territorialen Zusammenhängen, zunächst in Rheinfranken, dann im Reich des Merowingers Chlodwig, der fränkischer Alleinherrscher und Ende des 5. Jh.s als erster germanischer König katholisch wird. Chlodwigs Territorium zerfällt nach seinem Tod 511 in vier Teilreiche seiner Söhne; Köln ist einer von mehreren Hauptsitzen im ostfränkischen Austrasien.

751 werden die Karolinger Herrscher Frankens. Um 800 erhebt Karl der Große Köln zum Erzbistum, das heute mit rund 1,7 Mio. Katholiken das größte im deutschsprachigen Raum ist. Karls Hofkaplan Hildebold ist erster Kölner Erzbischof. Karl nennt das Bistum Köln 811 in seinem Testament die »eleganteste Braut Christi nach Rom«.

843 wird das Reich der Karolinger geteilt; Köln liegt nun im sog. Mittelreich des Kaisers Lothar I. 870 findet die Weihe des »Alten Doms« statt, des Vorgängerbaus der heutigen Kathedrale. Doch 881/882 wird die Stadt von Normannen zerstört.

Ab 925 ist Köln unter dem sächsischen König Heinrich I. eine Stadt des ostfränkischen Reichs. Die Jahrhunderte bis zur Vertreibung des Erzbischofs 1288 sind geprägt durch Stadterweiterungen und die Errichtung bedeutender Bauten, Reliquienkult und Kölns Entwicklung zum Wallfahrtsort, die starke

Stellung des Erzbischofs einerseits und die wachsende Emanzipation der Bürger andererseits.

Bei der ersten von drei Stadterweiterungen des Mittelalters wird die Römerstadt im 10. Jh. um die Fläche eines bereits zugeschütteten Rheinarms und die vorgelagerte Halbinsel erweitert. Der Rhein begünstigt einen ausgeprägten Fernhandel mit Niederlassungen in Brügge, Venedig und London.

Eine zweite Stadterweiterung 1106 durch Gräben und Wälle in einem Halbkreis um die Römermauer integriert Vororte mit Stiften und vergrößert das Areal der Stadt um 80 ha auf rund 200 ha.

Eine dritte Stadterweiterung ab 1180 führt zu einer bis etwa 1270 fertiggestellten 7,5 km langen, halbkreisförmig verlaufenden Stadtmauer mit zwölf Torburgen, die auf das himmlische Jerusalem verweisen und von denen noch vier (Severinstor, Ulrepforte, Hahnentor und Eigelsteintor) im heutigen Köln präsent sind. Die Mauer ist damals die längste städtische Befestigung im Heiligen Römischen Reich deutscher Nation.

Unter Erzbischof Pilgrim (1021–36) erhält dieser kirchliche Amtsträger das Recht, in Aachen die deutschen Könige zu krönen. Bis zur Mitte des 11. Jh.s entstehen in Köln 14 Abteien und Stifte. Erzbischof Anno II. (1056–75) profiliert sich mit Kirchenbauten, doch als er ein Handelsschiff unrechtmäßig in Beschlag nimmt, kommt es zu einem Aufstand der Bürgerschaft, der allerdings scheitert. Nach Annos Tod demonstriert die Kirche Stärke durch eine achttägige Prozession mit dem Leichnam durch die Stadt. Erstmals zeigt sich deutlich eine Polarisierung von Erzbischof und Bürgern.

Zu einer wesentlichen spirituellen Stütze der Kirche werden unterdessen diverse Reliquien. Bereits unter Erzbischof Bruno (953–965) sind es der Petrusstab und drei Glieder der Ketten Petri, heute in der Heiltumskammer des Kölner Domschatzes zu sehen. Die Stadt wird zum »heiligen«, im Volksmund »hilligen« Köln. Später kommen weitere Reliquien hinzu: Nicht nur der römische Offizier Gereon, Stadtpatron Kölns, soll der Legende nach ein christlicher Märtyrer gewesen sein, sondern ebenso eine gesamte römische Legion, deren angebliche Leichen man in einem römischen Gräberfeld bei der heutigen Kirche St. Gereon findet. Und bei der Stadterweiterung 1106 meint man, ebenfalls in antiken Gräbern, Überreste der legendären Märtyrerin Ursula (Stadtpatronin auch sie) mitsamt 11 000 (!) Begleiterinnen gefunden zu haben. 1164 schenkt Kaiser Friedrich I. Barbarossa dem Kölner Erzbischof Rainald von Dassel die Gebeine der Hll. Drei Könige, deren Schrein heute im Dom zu sehen ist. Es entwickelt sich ein ausgeprägter Reliquientourismus, Köln gehört zu den meistbesuchten Wallfahrtsstätten der Christenheit. Natürlich befördert der Pilgerstrom kräftig die städtische Wirtschaft.

Die Jahre 1150–1250 nennt der Kunsthistoriker Werner Meyer-Barkhausen das »große Jahrhundert Kölnischer Kirchenbaukunst«. In dieser Zeit werden zwölf romanische Großkirchen erbaut bzw. Bestandskirchen durch An- und Umbauten neugestaltet. Sie bilden als »Kirchenkranz« das städtebauliche Gefüge des mittelalterlichen Kölns und sind bis heute mit diversen Veränderungen im Lauf von Jahrhunderten erhalten: St. Andreas, St. Aposteln, St. Cäcilien, St. Georg, St. Gereon, St. Kunibert, St. Maria im Kapitol, St. Maria Lyskirchen, Groß-St. Martin, St. Pantaleon, St. Severin, St. Ursula. Mit damals 150 Kirchen und Kapellen bietet Köln eine grandiose Silhouette, und eine solche hat es bis heute. 1248 wird der Grundstein für einen Neubau des Doms gelegt, der – ein Jahr nach der Weihe der jüngsten romanischen Kirche St. Kunibert – nun ganz modern orientiert ist, im Stil der französischen Gotik.

1180 ist Köln mit 40 000 Einwohnern die größte deutsche Stadt. Im 12. Jh. verstärkt sich das Gewicht des Kölner Bürgertums, zum einen wirtschaftlich, denn Kölner Waren wie Waffen, Textilien und Wein sind gefragt, auch international. Zum anderen gewinnen die Bürger mehr politischen Einfluss. Reiche Patrizier organisieren sich 1120/30 in einer Vereinigung mit der Bezeichnung »Richerzeche«, der Zechgemeinschaft der Reichen. Seit 1135 ist eine *domus civium*, ein Haus der Bürger, belegt. Die Bürger wollen sich vom Erzbischof und Stadtherrn emanzipieren. Der Konflikt mit dem Erzbischof Konrad von Hochstaden endet 1258 mit dem »Großen Schied«; dieser Schiedsspruch bestätigt zwar die Machtposition des Bischofs, stärkt aber auch die städtische Selbstverwaltung. 1259 erhält Köln ein »Stapelrecht«. Handelsschiffe und auf dem Landweg durchreisende Händler müssen ihre Waren für ein paar Tage in Köln ausladen und anbieten. Kölner Bürger und Kaufleute haben ein Vorkaufsrecht. Der Konflikt von Erzbischof und Kölner Bürgertum kulminiert 1288 in der Schlacht bei Worringen, in der Truppen Kölns, verbündet mit dem Herzog von Brabant, Erzbischof Siegfried von Westerburg besiegen. Fortan residieren die Erzbischöfe in Bonn oder Brühl und behalten lediglich die oberste Gerichtsbarkeit. Köln wird de facto Freie Reichsstadt.

Die Kölner Juden leben im Mittelalter in einer rechtlich prekären Situation bis hin zur existenziellen Vernichtung. Ein erstes Zeugnis jüdischen Lebens in Köln ist die Erlaubnis des römischen Kaisers Konstantin aus dem Jahr 321, auch jüdische Bürger in den Kölner Rat aufzunehmen. Dieses Dekret gilt als ältester schriftlicher Beleg für die Existenz jüdischen Lebens in Deutschland. Im 11. Jh. wird auf dem heutigen Rathausplatz eine Synagoge erbaut, ab Mitte des 11. Jh.s ist ein jüdisches Viertel archäologisch nachzuweisen. 1096 zerstören Kreuzfahrer das Viertel, viele Juden werden ermordet. 1321 erhalten die Kölner Juden gegen eine jährliche Zahlung einen städtischen Schutzbrief. Im 13. und 14. Jh. entsteht ein jüdisches Viertel mit Synagoge und Mikwe, Hospital, Tanz- und Hochzeitshaus. Während der Pestepidemie 1348/49 erleiden die Kölner

Juden ein weiteres Pogrom mit brutalen Morden. Ab 1374 wird Juden die Niederlassung in Köln wieder erlaubt, allerdings mit Kleidervorschriften. Wegen eines Konflikts um die Besteuerung der Juden zwischen Erzbischof und Stadt wirft diese die Juden 1424 aus der Stadt. In Deutz errichten sie unter dem Schutz des Erzbischofs ein neues Gotteshaus.

1388 wird in Köln die erste städtische Universität im deutschsprachigen Raum gegründet. Der Machtkampf zwischen den Patriziern und den Zünften prägt das Köln dieses Jahrhunderts. 15 Familien, »Geschlechter«, besetzen personell die »Richerzeche«, die Vertretung dieser reichsten Familien, ferner das Schöffenkolleg und den Rat der Stadt. Handwerker und Kaufleute sind in Zünften und Gaffeln (nach der großen Bratengabel) organisiert. 1396 beendet eine neue städtische Verfassung, der Verbundbrief, die Herrschaft der Patrizier. Nun wählen die von den Gaffeln gewählten Ratsherren zwei Bürgermeister. Damit ist Köln natürlich nicht im heutigen Sinne demokratisch verfasst, doch der Verbundbrief bedeutet einen Schritt in die Richtung einer bürgerlichen Partizipation.

Rhein-Panorama von Rudolf Manuel Deutsch (1548); im rechten Bildteil: der Dom mit Baukran

1457 wird Köln Reichsstadt und damit reichsunmittelbar. Die Reformation kann sich in der Stadt nicht durchsetzen, stattdessen gründen die Jesuiten als einen Hort der Gegenreformation 1544 ihre erste deutsche Niederlassung in Köln. Der Bau des Doms, dessen Chor 1322 geweiht worden ist, wird 1560 eingestellt.

Im Dreißigjährigen Krieg bleibt Köln verschont, liefert aber Waffen an diverse Kriegsparteien. Das 17. und 18. Jh. bedeuten für Köln einen wirtschaftlichen Niedergang, geschuldet der Verlagerung des Handels vom Rhein an die Seehäfen, dem absolutistischen Merkantilismus und der Weiterentwicklung der Territorien außerhalb der Stadtgrenzen. Ab 1617 wird das Kölner Bürgerrecht an den katholischen Glauben gebunden; Protestanten verlassen Köln, um sich in Mülheim anzusiedeln – auch das schwächt die Kölner Wirtschaftskraft.

1794 besetzen die Franzosen Köln, das nun den Status einer Freien Reichsstadt verliert. Das Erzbistum wird aufgelöst, es entsteht ein neues Bistum Aachen, 1798 erfolgt die Schließung der Universität. 1801 wird Köln eine französische Stadt. Die Säkularisation 1802/03 bedeutet die Aufhebung der Stifte und Klöster, die in Staatsbesitz überführt werden. Durch Verkauf, Abriss und Plünderungen büßt Köln drei Viertel seiner Sakralbauten mitsamt ihren Ausstattungen ein. Kunstsammler kaufen Teile der kirchlichen Schätze; Ferdinand Franz Wallrafs Sammlung wird zum Grundstock des 1861 eröffneten Wallraf-Richartz-Museums. Die Kunstobjekte der Brüder Melchior und Sulpiz Boisserée sind heute in der Alten Pinakothek in München zu sehen. Die bedeutenden Kirchen bleiben größtenteils bestehen; Pfarrgemeinden übernehmen die großen Kirchenbauten der Klöster und Stifte. Spezifisch klösterliche Bauten wie etwa Kreuzgänge oder Kapitelsäle sind bis auf Ausnahmen heute nicht mehr vorhanden.

1798, gut 370 Jahre nach ihrer Ausweisung, dürfen die Juden

sich wieder in Köln niederlassen. Bereits ab dem Jahr davor gilt das volle Bürgerrecht auch für sie sowie für Protestanten. Die säkularisierte Antoniterkirche wird 1802 die erste protestantische Pfarrkirche Kölns. Erst 1860 baut die evangelische Gemeinde erstmals ein neues Gotteshaus, die Trinitatiskirche, den »protestantischen Dom« Kölns.

Die Zugehörigkeit Kölns zu Frankreich bedeutet einen Modernisierungsschub: Mit der Aufhebung der Zünfte herrscht ab 1798 Gewerbefreiheit, und damit wird eine wichtige Voraussetzung für die wirtschaftliche Weiterentwicklung der Stadt geschaffen. 1804 wird der Code civil, das Zivilgesetzbuch, eingeführt, das noch bis Ende des 19. Jh.s gilt. Damit werden den Bürgerinnen und Bürgern Kölns grundlegende Freiheits- und Eigentumsrechte garantiert. Die Abläufe der Stadtverwaltung werden modernisiert, und es wird eine Gewaltenteilung zwischen Justiz und Verwaltung eingeführt.

Nach dem Wiener Kongress wird Köln 1815 preußisch. Ab 1816 wird es zur größten deutschen Festungsstadt ausgebaut. Die Stoßrichtung dieses Projekts geht natürlich gegen Frankreich. Bis 1863 entsteht rund 500 m von der Stadtmauer entfernt ein Festungsring mit elf linksrheinischen und drei rechtsrheinischen Forts. In einem Rayon (Schussfeld) von 600 m vor der Fortifikation ist jegliche Bebauung untersagt. Das Verhältnis zwischen Preußen und Köln ist nicht spannungsfrei; Preußen wird von der ehemals Freien Reichsstadt als autoritär-obrigkeitsstaatliches System wahrgenommen; später aber nähern sich Köln und der preußische Staat einander an.

1842 beginnt der Weiterbau des Doms. König Friedrich Wilhelm IV. fördert die Baumaßnahmen und würdigt die Kathedrale als nationales Denkmal. In der Dombaubewegung verschmelzen Interessen Preußens und des Rheinlands.

1848 haben der »Kölner Arbeiterverein« und die »Demokratische Gesellschaft« zusammen wohl rund 10 000 Mitglieder, immerhin 10% der Kölner Bevölkerung. Bei der Revolution 1848 gibt es in Köln Demonstrationen, aber keine gewaltsamen Auseinandersetzungen. Die nach Scheitern der Revolution vom preußischen König oktroyierte Verfassung gewährleistet die freie Religionsausübung, wodurch Juden gleichgestellt werden. 1861 wird in der Glockengasse eine Synagoge errichtet, 1899 die noch heute bestehende Synagoge in der Roonstraße. 1816–71 sinkt der Anteil der katholischen Kölner von 95,8 auf 84%, der Anteil der Protestanten steigt von 3,9 auf 13,5% und der Anteil der Menschen jüdischen Glaubens von 0,3 auf 2,5%.

Die Industrialisierung Kölns beginnt in den 1830er Jahren. Ab den 1820er Jahren werden wichtige Verkehrsbauten errichtet: 1822 wird Köln mit Deutz durch eine Schiffbrücke, eine Pontonbrücke, verbunden. 1839 fährt die erste Kölner Eisenbahn von Köln nach Müngersdorf. 1859 entsteht die erste feste Rheinbrücke, eine Straßen- und Eisenbahnverbindung und Vorgängerin der heutigen Hohenzollernbrücke. Im letzten Drittel des 19. Jh.s wird Köln zu einer bedeutenden Industriestadt mit Textil-, Metall- und Chemiebetrieben. Die Einwohnerzahl Kölns steigt von knapp 50 000 im Jahr 1816 auf über 145 000 im Jahr 1880. Köln ist durch die Festungsbauten geradezu eingeschnürt, daher muss sich die Industrie mit Wohnbauten für die Arbeiter immer häufiger jenseits der die Stadt umgebenden Rayons ansiedeln.

Wegen militärtechnischer Erneuerungen entsteht 1873–81 eine zweite, weiter von der Stadt entfernte Verteidigungslinie, der 42 km lange äußere Festungsring mit zwölf links- und rechtsrheinischen Forts entlang der heutigen Militärringstraße. 1881 kauft die Stadt Köln dem preußischen Kriegsministerium für knapp 12 Mio. Mark die alten Festungsanlagen ab, damit der Rayon zwischen der Stadtmauer und den Forts Teil des städtischen Territoriums werden kann. Das Stadtgebiet erfährt damit eine Verdoppelung. Ab 1881 wird die 700 Jahre alte staufische Stadtmauer bis auf einige wenige Elemente, darunter drei Tore, abgebrochen und damit ein bedeutendes bauliches Zeugnis des Mittelalters zerstört. Auf dem Rayon entsteht nun bis etwa 1905/10 nach Plänen von Josef Stübben und Karl Henrici als vierte Stadterweiterung die Neustadt, die sich halbkreisförmig an die Altstadt schmiegt. Zentrales Element ist nach dem Vorbild der Wiener Ringstraßen ein fast 6 km langer Boulevard vom Ubierring im Süden bis zum Theodor-Heuss-Ring im Norden. Parks, Diagonalstraßen und sternförmige Plätze prägen den neuen Stadtbezirk mit seinen Kirchen, öffentlichen Gebäuden und prächtigen Wohnbauten, aber auch Arbeiterviertel mit simplen Mietskasernen entstehen in der Neustadt.

Ab 1888 wächst die Stadt durch Eingemeindungen, u. a. von Bayenthal, Marienburg, Lindenthal, Longerich und Deutz. Im 20. Jh. kommen weitere Ortschaften hinzu: 1910 Kalk und Vingst, 1914 rechtsrheinische Orte wie etwa Mülheim, 1922 Worringen und 1975 Rodenkirchen, Porz, Lövenich und Weiden. Köln wird in der zweiten Hälfte des 19. Jh.s zur Großstadt; 1849 zählt es 95 000 Einwohner, 1890 bereits 282 000, und 1910 leben 517 000 Menschen in Köln.

Die Entwicklung Kölns von mittelalterlicher Kleinteiligkeit zu großstädtischen Strukturen beginnt in der preußischen Epoche der Stadt mit einem an Karl Friedrich Schinkel orientierten Klassizismus, wie ihn etwa die Alte Wache (heute Stadtmuseum), das Regierungsgebäude in der Zeughausstraße (heute Bezirksregierung Köln) und die Trinitatiskirche aufweisen. Dann prägen vor allem in der Neustadt die diversen Spielarten des Historismus die neue Architektur mit Mietshäusern, öffentlichen Bauten und Kirchen. 1880 wird der Dom vollendet, in wesentlichen Teilen ein Werk der Neogotik. Erste Merkmale des Funktionalismus und damit der architektonischen Moderne zeigt das Haus Frank und Lehmann (1914) von Peter Behrens. 1907–19 ist das Werkbundmitglied Carl Rehorst, der dezidiert für moderne Architektur eintritt, in Köln Beigeordneter für das gesamte Bauwesen. In seiner Amtszeit erfährt die Innenstadt eine Transformation von einem kleinteiligen Gepräge zu großstädtischem Charakter, durch Straßendurchbrüche (z. B. Gürzenich- und Zeppelinstraße) und die Verbreiterung bestehender Straßen, in denen Großbauten mit Werksteinfassaden entstehen, Verwaltungsgebäude, Warenhäuser und Banken. Wichtige Infrastrukturbauten sind nach dem Rheinauhafen (1891–98) der Industriehafen Deutz (1907), die Südbrücke (1910), die Hohenzollernbrücke (1911) und die Deutzer Brücke (1915). Ab 1913 engagiert sich die Stadt Köln mit der Gründung der bis heute bestehenden »Gemeinnützigen Aktiengesellschaft für Wohnungsbau« (GAG) für den

Das »Siebengebirge«, ehem. städtisches Lagerhaus, heute Wohngebäude. Links mit roter Fassade: das »Silo 23«

Wohnsiedlungsbau; ein erstes Projekt ist die Siedlung Bickendorf.

Im Rat erringt das Zentrum 1908 die Mehrheit und ist mit kleinen Unterbrechungen bis 1933 die beherrschende politische Kraft. Dem Zentrumspolitiker Konrad Adenauer, ab 1917 Oberbürgermeister, ist die städtebauliche Entwicklung Kölns ein Anliegen. 1920–23 wird der Hamburger Baudirektor Fritz Schumacher Baubeigeordneter in Köln und erstellt ein weitreichendes Gesamtkonzept für die Stadtentwicklung. Gemäß dem Versailler Vertrag 1919 müssen die Forts abgerissen werden, von denen aber einige bis heute erhalten sind. Auf den ehemaligen Festungsrayons werden 1922–24 der Innere Grüngürtel von Köln-Riehl bis zur Luxemburger Straße (7 km) und 1927–29 der Äußere Grüngürtel auf beiden Seiten der Militärringstraße (31 km) angelegt.

Köln entwickelt sich zur modernen Metropole: 1919 wird die Universität neugegründet, 1926 zieht der Westdeutsche Rundfunk von Münster nach Köln um, 1930/31 entstehen die Ford-Werke, 1932 wird die erste deutsche Autobahnstrecke von Köln nach Bonn eröffnet. 1929 zählt die Stadt 733 000 Einwohner. Sie ist ein Ort moderner Architektur und Kunst der Weimarer Republik. An den »Kölner Werkschulen«, die wie das Bauhaus künstlerische und handwerkliche Arbeit zu verknüpfen suchen, lehren der berühmte Kirchenbauer Dominikus Böhm und der bedeutende Jugendstilkünstler Richard Riemerschmid. Die Stadt bietet zahlreiche Beispiele für progressives Bauen. Schon 1914 findet am Standort der heutigen Messe die Werkbundausstellung statt, mit wegweisenden Bauten (nicht erhalten) u. a. von Henry van de Velde, Walter Gropius und Bruno Taut mit seinem höchst ungewöhnlichen Glashaus. 1928 entwirft Adolf Abel, 1925–30 Stadtbaudirektor, für die »Pressa«, die internationale Ausstellung für Presse und Kommunikationstechnik, die expressionistisch gestalteten Rheinhallen der Messe in Deutz, moderner Kontrapunkt des jahrhundertealten linksrheinischen Stadtpanoramas. Es gibt eine Reihe markanter Bauten der Neuen Sachlichkeit, etwa das Dischhaus (1930, Bruno Paul) und die Siedlung »Weiße Stadt« (1932, Wilhelm Riphahn und Caspar Maria Grod).

Bei der Reichstagswahl nach der Machtübernahme der Nationalsozialisten, am 5. März 1933, erzielt die NSDAP in Köln 33,1% der Stimmen (Reichsdurchschnitt 43,9%), aber bei der Kommunalwahl am 12. März 1933 wird sie mit 39,6% stärkste Partei. Am nächsten Tag wird Adenauer abgesetzt. Baulich wird unter den Nationalsozialisten mehr geplant als umgesetzt. Wie viele technische Bauten der Zeit des Nationalsozialismus ist die Großmarkthalle in Raderberg (1940, Theodor Teichen) sachlich-funktional gestaltet. 1935–41 wird das wirtschaftlich und sozial problematische Martinsviertel rund um Groß-St. Martin teilweise abgerissen und saniert, um eine mittelalterliche Anmutung zu simulieren (nach Kriegszerstörungen wird das Viertel in seinen Grundstrukturen wiederaufgebaut). Gigantomanische Planungen werden ins Auge gefasst: ein Abriss großer Teile der Innenstadt für ein »Gauforum« und Aufmarschplätze. Davon wird allerdings lediglich der Durchbruch einer Ost-West-Achse mit der Hahnen- und Cäcilienstraße realisiert. Das EL-DE-Haus am Appellhofplatz ist 1935–45 Sitz der Kölner Gestapo und damit ein Ort des faschistischen Terrors (heute NS-Dokumentationszentrum). Am 9. November 1938 zerstören die Nationalsozialisten alle sechs Kölner Synagogen. 1940 und 1943 werden etwa 750 Kölner Sinti und Roma, 1941–45 über 7000 Jüdinnen und Juden aus Köln in Ghettos und Vernichtungslager deportiert, wo nahezu alle ermordet werden.

20 000 Kölner sind 1942–45 durch Bombenangriffe ums Leben gekommen. Bei Kriegsende ist die Stadt zu 78%, die Altstadt zu 90% vernichtet. Der bedeutende Kirchenbauer Rudolf

Köln bei Kriegsende 1945

Schwarz wird 1946–52 Generalplaner für den Wiederaufbau. Der historische Stadtgrundriss bleibt gewahrt; die Neugestaltung der Stadt besteht weder in radikalem Abriss noch in einer umfassenden Rekonstruktion des Alten. Historische Inseln wie die romanischen Kirchen, Rathaus und Gürzenich werden wiederhergestellt, das Martinsviertel rund um die Kirche Groß-St. Martin und den Alter Markt erfährt eine historisierende Rekonstruktion. Dagegen werden interessante Bauten des Historismus, der nicht geschätzt wird, und bedeutende Zeugnisse der Industriearchitektur abgerissen. Zwischen Alt und Neu oszilliert die nach der Zerstörung wiedergewonnene Stadt, doch das Neue dominiert.

Zwei gewaltige, auf nationalsozialistische Planungen zurückgehende Durchbrüche durchschneiden die Altstadt: die

Ost-West-Achse (vom Rudolfplatz über den Neumarkt und die Cäcilienstraße bis zum Rhein) und die 1961–75 gebaute Nord-Süd-Fahrt (von der Turiner Straße bis zur Ulrichgasse), die an ihrer engsten Stelle 24 m breit ist. Diese Schneisen bedienen die im Nachkriegsdeutschland allerorten anzutreffende Planung einer autogerechten Stadt. Radikal durchschneiden sie gewachsene Viertel und gelten vielen als Fehlplanung. Immerhin gestaltet Wilhelm Riphahn die Hahnenstraße ab 1947 als Flaniermeile mit ein- bis zweigeschossigen Läden. Die Neugestaltung des Griechenmarktviertels durch Rudolf Schwarz gilt als geglückt. Opern- und Schauspielhaus (1954–62) bilden ein Ensemble städtebaulich-kultureller Verdichtung am Offenbachplatz. Modernität intoniert 1965 die Umgestaltung von Hoher Straße und Schildergasse zu einer 1,5 km langen Fußgängerzone. Ab den 1950er Jahren entstehen große Siedlungen des sozialen Wohnungsbaus, in den 1970er und 1980er Jahren der Stadtteil Chorweiler, der später als Bausünde gesehen wird.

Köln ist auch nach dem Krieg eine gewichtige Wirtschaftsmetropole, etwa mit Chemie- und Pharmaindustrie, Fahrzeugbau und vielen Banken und Versicherungen. Bereits kurz nach dem Krieg entwickelt es sich zudem zu einer wichtigen deutschen und europäischen Kulturstadt. In der Innenstadt werden viele Kulturbauten wieder- oder neueröffnet: Das Rautenstrauch-Joest-Museum (1949), der Gürzenich (1955), das Museum Schnütgen (1956), das Opernhaus (1957) und das Schauspielhaus (1962), das Stadtmuseum (1958), das Wallraf-Richartz-Museum (1962), das Diözesanmuseum (1962). 1974 entsteht das Römisch-Germanische Museum am Dom und 1977 das Ostasiatische Museum am Aachener Weiher. 1986 wird der Neubau des Doppelmuseums Wallraf-Richartz-Museum / Museum Ludwig eröffnet, im selben Jahr die Kölner Philharmonie. In das ursprüngliche Gebäude des Wallraf-

Richartz-Museums zieht 1989 das Museum für Angewandte Kunst ein. 2001 erhält das Wallraf-Richartz-Museum einen Neubau, das Rautenstrauch-Joest-Museum ist ab 2010 gemeinsam mit dem Museum Schnütgen im neuen Kulturzentrum Neumarkt untergebracht. Die weltweit erste Kunstmesse, die Art Cologne, wird 1967 als »Kunstmarkt Köln« initiiert. Köln war und ist der Wohn- und Arbeitsort bedeutender Gegenwartskünstler wie Sigmar Polke, Rosemarie Trockel und Gerhard Richter. Berlin, seit 1990 Hauptstadt, hat allerdings eine Sogwirkung – Kölner Galerien übersiedeln dorthin. Seit den 1980er Jahren ist die Stadt ein bedeutender Medienstandort mit dem Westdeutschen und dem Deutschlandfunk sowie privaten Sendern.

Trotz der massiven Kriegszerstörung bietet Köln heute noch immer viele eindrucksvolle Bauwerke des Mittelalters, aber es ist zugleich ein höchst sehenswertes (Freilicht-)Museum der deutschen Nachkriegsarchitektur. Die Stadt ist ein Zentrum der Sakralarchitektur des 20. Jh.s mit bedeutenden Kirchenbaumeistern wie Dominikus und Gottfried Böhm sowie Rudolf Schwarz. Für alle architektonischen Stilrichtungen seit dem Zweiten Weltkrieg findet sich in Köln eine Vielzahl von Bauten: In den 1950er und 1960er Jahren entstehen Stahl-Glas-Bauten mit Rasterfassaden, die am Internationalen Stil orientiert sind, so das Warenhaus Galeria Kaufhof (1957) oder die Klöckner-Humboldt-Deutz-Verwaltung (1964), heute Messehochhaus. Hochhäuser werden nicht wie in Frankfurt in starker Verdichtung errichtet, sondern als markante Orientierungspunkte über die Stadt verteilt (Colonia-, heute AXA-Hochhaus [1973], Hochhaus des Deutschlandfunks [1978]). Sehenswerte Beispiele von Betonbauten sind die Staatliche Hochschule für Musik (1977) und das Hörsaalgebäude von Rolf Gutbrod (1968). Das Haus Behr (1984) zeigt typische Merkmale der Postmoderne, das Haus Gruhl (1990) steht für den Dekonstruktivismus. Der in der unmittelbaren Nachkriegszeit verschmähte Historismus wird Jahrzehnte später geschätzt, das zeigt etwa der Umbau des Wasserturms an der Kaygasse (1872) in ein Hotel (1992). Für technikorientiertes Bauen mit Stahl, Aluminium und Glas steht die neue Bahnsteighalle des Hauptbahnhofs (1991). Interessante Ende des 20. Jh.s und im 21. Jh. errichtete Bauten sind der Neubau des Wallraf-Richartz-Museums (2001), das Diözesanmuseum Kolumba (2007) und die Kranhäuser am Rhein (2010).

Eine dunkle Stunde erleidet die Stadt 2009, als das Stadtarchiv durch Verkehrsbaumaßnahmen einstürzt. Seit 2020 steht ein Neubau am Eifelwall 5.

2008 erteilen Kölner Unternehmer, aus deren Sicht die Qualität der Architektur und der Gestaltung des öffentlichen Raums in der Kölner Innenstadt unzureichend ist, dem Stadtplanungs- und Architekturbüro Albert Speer & Partner den Auftrag für einen Masterplan für die Kölner Innenstadt. 2009 beschließt die Stadt diesen Plan als Orientierungsrahmen für die zukünftige Entwicklung. Sieben »Interventionsräume«, die um- und neuzugestalten sind, nennt der Masterplan: den Stadtraum Rhein, die Ringe, den Inneren Grüngürtel, Nord-Süd-Fahrt und Ost-West-Achse, die Kernzone der Innenstadt und die rechte Rheinseite. Köln wird sich weiter entwickeln – und beides sein, eine sehr alte und ganz gegenwärtige Stadt.

Stadtgeschichte in Daten

um 19 v. Chr.	Agrippa veranlasst die germanischen Ubier zur Übersiedlung ins Linksrheinische; die Ortschaft Oppidum Ubiorum entsteht.
15 n. Chr.	Geburt von Agrippina, später Gattin des Kaisers Claudius, im Oppidum Ubiorum
50 n. Chr.	Auf Wunsch Agrippinas wird das Oppidum Ubiorum zur Stadt mit dem Namen Colonia Claudia Ara Agrippinensium (CCAA) erhoben.
um 85 n. Chr.	unter Kaiser Domitian Hauptstadt der Provinz Niedergermanien
2. Hälfte 3. Jh.	Köln hat rund 20 000 Einwohner.
259/260–274	»Sonderreich« des Usurpators Postumus (Germanien, Gallien, Britannien und zeitweise Spanien) mit Köln als Hauptstadt
um 310	Bau des Militärkastells Divitia (Deutz) und der ersten Rheinbrücke
313 und 314	Der hl. Maternus wird als erster namentlich bekannter Bischof einer christlichen Gemeinde Kölns erwähnt.
321	erster schriftlicher Beleg für eine jüdische Gemeinde
355	Die Franken erobern und zerstören die Stadt.
356	Der römische Caesar (Unterkaiser) Julian erobert die Stadt zurück.
455	Erneut erobern die Franken die Stadt; Ende der römischen Zeit Kölns. Köln liegt in den folgenden Jahrhunderten in wechselnden fränkischen Territorien.
800	Karl der Große erhebt Köln zum Erzbistum, Karls Hofkaplan Hildebold wird Kölns erster Erzbischof.

870	Weihe des »Alten Doms«
881/882	Normannen zerstören die Stadt.
10. Jh.	erste Stadterweiterung um die Rheinvorstadt
935–965	Erzbischof Bruno erstes geistliches und zugleich weltliches Oberhaupt Kölns
11. Jh.	Bau einer Synagoge und Entstehung eines jüdischen Viertels
1021–36	Erzbischof Pilgrim; die Kölner Erzbischöfe erhalten das Recht, die deutschen Könige zu krönen.
1049	Kaiser Heinrich III. und Papst Leo IX. treffen sich in Köln; seitdem sind der jeweilige Papst und der Kaiser bzw. König Mitglieder des Domkapitels.
1074	Der Aufstand von Kölner Bürgern gegen Erzbischof Anno II. scheitert.
1096	Kreuzfahrer zerstören das jüdische Viertel und ermorden Bewohner.
1106	zweite Stadterweiterung um Niederich, St. Aposteln und Oversburg
1135	Einrichtung der *domus civium* (»Haus der Bürger«, ein erstes Rathaus)
1164	Die Gebeine der Hll. Drei Könige gelangen als Geschenk Kaiser Friedrichs I. Barbarossa an Erzbischof Rainald von Dassel.
1180	dritte Stadterweiterung im Norden und Süden
ca. 1180–1270	Bau der Stadtmauer
um 1200	Köln ist mit etwa 40 000 Einwohnern die größte deutsche Stadt.
1248	Grundsteinlegung für den gotischen Dom
1258	Der »Große Schied« bestätigt die Oberhoheit des Erzbischofs, stärkt aber die städtische Selbstverwaltung.

1259	Das Stapelrecht sichert den Kölnern das Vorkaufsrecht für Güter von durchreisenden Kaufleuten und Handelsschiffen.
1288	Schlacht bei Worringen; der besiegte Erzbischof Siegfried von Westerburg verliert seine weltliche Macht und muss Köln verlassen. Köln wird de facto Freie Reichsstadt.
13./14. Jh.	Entstehung eines jüdischen Viertels
1349	Die Kölner Juden erleiden ein grausames Pogrom.
1374	Juden dürfen sich wieder in Köln niederlassen.
1388	Gründung der Universität
1396	Der Verbundbrief als neue städtische Verfassung beendet die Herrschaft der Patrizier.
1424	Die Juden werden aus Köln vertrieben und siedeln sich in Deutz an.
1457	Köln wird Reichsstadt.
1543	Erzbischof Hermann von Wied will in Köln die Reformation einführen und scheitert.
1560	Die Arbeit am Dom wird eingestellt.
1617	Das Kölner Bürgerrecht wird an den katholischen Glauben gebunden; Protestanten siedeln nach Mülheim über.
1618–48	Den Dreißigjährigen Krieg übersteht Köln ohne größere Schäden und verdient gut an Waffenlieferungen.
1794	Besetzung Kölns durch die Franzosen
1797	volles Bürgerrecht auch für Protestanten und Juden
1798	Gewerbefreiheit; Schließung der Universität
1801	Die Kölner werden französische Staatsbürger; Gründung einer jüdischen Gemeinde.
1802/03	Säkularisation: Aufhebung der Stifte und Klöster, die in Staatsbesitz überführt werden. Die

	Antoniterkirche wird die erste protestantische Pfarrkirche Kölns.
1815	Köln wird preußisch und Teil der preußischen Rheinprovinz.
1816	Köln hat knapp 50 000 Einwohner.
1816–63	Ausbau Kölns zur größten deutschen Festungsstadt
1823	erster Rosenmontagszug
1839	erste Kölner Eisenbahnfahrt von Köln nach Müngersdorf
1842	Der Weiterbau des Doms beginnt.
1842/43	Karl Marx ist für fünf Monate Redakteur der *Rheinischen Zeitung*, die 1843 verboten wird.
1848/49	Deutsche Revolution: Demonstrationen in Köln, aber keine gewaltsamen Auseinandersetzungen
1859	erste feste Rheinbrücke seit der Römerzeit
1873–80	Bau des äußeren Festungsrings mit zwölf links- und rechtsrheinischen Forts
1880	Der Bau des Doms wird vollendet. Köln hat 145 000 Einwohner.
1881	Beginn des Abbruchs der 700 Jahre alten staufischen Stadtmauer
1881–1910	vierte Stadterweiterung: Neustadt
1888	Eingemeindungen u. a. von Bayenthal, Marienburg, Lindenthal, Longerich und Deutz
1910	In Köln leben 517 000 Menschen.
1913	Gründung der »Gemeinnützigen Aktiengesellschaft für Wohnungsbau« (GAG)
1917	Der Zentrumspolitiker Konrad Adenauer wird Oberbürgermeister.
1919	Gemäß dem Versailler Vertrag müssen die Forts geschleift werden; Neugründung der Universität.
1922–29	Anlage des Inneren und des Äußeren Grüngürtels

1926	Der Westdeutsche Rundfunk zieht von Münster nach Köln um.
1926–28	Bau der Rheinhallen der Messe
1929	Köln hat 733 000 Einwohner.
1930/31	Bau der Ford-Werke
1932	Eröffnung der ersten deutschen Autobahnstrecke von Köln nach Bonn
12.3.1933	Die NSDAP wird bei der Kommunalwahl mit 39,6 % stärkste Partei und setzt Oberbürgermeister Adenauer am 13. März ab.
1938	In der Reichspogromnacht am 9./10. November zerstören die Nationalsozialisten alle sechs Kölner Synagogen.
1940–45	Etwa 1350 Sinti und Roma und über 7000 Jüdinnen und Juden werden in Ghettos und Vernichtungslager deportiert und nahezu alle ermordet.
1945	Am 6. März marschieren amerikanische Truppen in Köln ein.
ab 1947	Neugestaltung der Hahnenstraße als Teil der Ost-West-Achse der Altstadt
1957	Eröffnung der neuen Oper
1962	Eröffnung des Schauspielhauses und des neuen Wallraf-Richartz-Museums
1961–75	Bau der Nord-Süd-Fahrt durch die Altstadt
1967	Kunstmarkt Köln (weltweit erste Kunstmesse, ab 1984 Art Cologne)
1974	Eröffnung des Römisch-Germanischen Museums
2001	Neubau des Wallraf-Richartz-Museums
2009	Einsturz des Stadtarchivs. Die Stadt Köln beschließt einen Masterplan für die Innenstadt.

Kulturkalender

Januar

Passagen – Designfestival; **imm cologne** – internationale Möbel- und Einrichtungsmesse; **Winterjazz Festival**

Februar

Weiberfastnacht am Donnerstag vor Rosenmontag: **Beginn des Straßenkarnevals**; Karnevalssonntag: **Schull- un Veedelszöch** (Schul- und Stadtteilumzüge); Rosenmontag: **Rosenmontagszug** durch die Innenstadt

März/April

lit.Cologne – internationales Literaturfest; **Art Cologne**; **Freedom Sounds Festival** (u.a. Reggae- und Soul-Musik); **Internationales Frauen Film Fest Dortmund + Köln**

März–Mai

Festa Paschalia – Konzerte zur Passions- und Osterzeit

April/Mai

Acht Brücken / Musik für Köln – Festival für Gegenwartsmusik; **Discovery Art Fair Cologne** – Messe für zeitgenössische Kunst; **c/o pop** – Musikfestival

Mai

Maikonzerte Köln; **Sommerblut** – Festival der Multipolarkultur; **zamus: early music festival** – Festival für Alte Musik; **Photoszene-Festival**; **Kölner Museumsfest**; **tanz nrw** – Aufführungen unterschiedlicher Tanzstile und -gruppen

Juni

phil.cologne – internationales Festival der Philosophie; **Romanischer Sommer Köln** – Musikfestival; **Literatur in den Häusern der Stadt** – öffentliche Lesungen in Privatwohnungen; **Impulse Theater Festival**

Juni – August

Edelweißpiratenfestival zu Ehren der im Nationalsozialismus oppositionellen »Edelweißpiraten« – u. a. mit Musik, Führungen und Wanderungen

Juli

Amphi Festival – Musikfestival; **Summerjam** – Reggae-Festival

Juli/August

Kölner Sommerfestival – Tanz, Musik und Theater; **Cologne Jazz Week**

August/September

MitAfrika – Festival für Musik, Tanz und Theater; DC Open – Düsseldorf Cologne Open Galleries; Offene Ateliers Köln; Afrika Film Festival Köln

September/Oktober

Theaterszene Europa – Festival für darstellende Künste

Oktober

Kölner Theaternacht; URBÄNG! Das Festival für performative Künste in Köln; Cologne Music Week; Kurzfilmfestival Köln; Film Festival Cologne; Kölner Literaturtage

Oktober/November

Week-End Fest – Musikfestival; Museumsnacht Köln; KLAENG Jazzfestival

November

Musik in den Häusern der Stadt – öffentliche Konzerte in Privatwohnungen; Eröffnung der Karnevalssession am 11. November

Dezember

Kölsche Weihnacht – Traditionsveranstaltung mit Geschichten in kölscher Mundart und Musik

Rundgänge

Rundgang A (s. hintere Buchklappe):
Dom (S. 36 ff.), Domforum (S. 48), Blau-Gold-Haus (S. 48), Haus Goldschmidt (S. 48), Funkhaus des WDR (S. 68), Museum für Angewandte Kunst (S. 68 und 181), Minoritenkirche (S. 69), Kolumba (S. 70), Dischhaus (S. 72), 4711-Haus (S. 74), Opern- und Schauspielhaus (S. 74), Neumarkt (S. 82), St. Aposteln (S. 81), Haus Bing (S. 107), Kulturquartier am Neumarkt (mit dem Rautenstrauch-Joest-Museum, dem Museum Schnütgen und St. Cäcilien, S. 106, 182, 183 und 105).

Rundgang B (s. hintere Buchklappe):
St. Kunibert (S. 89), Hochschule für Musik und Tanz (S. 91), Haus Flach (S. 92), Wohn- und Geschäftshaus Eigelstein 115 (S. 92), Bildungslandschaft Altstadt-Nord (S. 94), Bürogebäude G 75 (S. 95), Hansahochhaus (S. 126), Hansa-Gymnasium (S. 126), Mediapark (S. 128), St. Ursula (S. 93).

Rundgang C (s. S. 35):
Overstolzenhaus (S. 98), St. Maria Lyskirchen (S. 100), Rheinauhafen (S. 117 ff.) mit diversen Bauten: Malakoff-Turm, Schokoladenmuseum, Deutsches Sport & Olympia Museum, Severinsbrücke (S. 102), Kranhäuser, Bayenturm, Siebengebirge, Silo 23, Südbrücke. – Den Abschluss bildet der Friedenspark mit dem Fort I (S. 134).

Kulturquartier am Neumarkt
Ehem. Kaufhof-Hauptverwaltung
Ehem. Wasserturm
Overstolzenhaus
St. Maria Lyskirchen
Malakoff-Turm
Schokoladenmuseum
Dt. Sportmuseum
Siegburger Str.
Severinstraße
Blaubach
Neuköllner Str.
Rothgerberb.
Perlengraben
St. Pantaleon
Waisenhausgasse
Holzmarkt
Severinsbrücke
St. Gregorius im Elend
Ehem. Franziskanerkirche St. Marien
Rheinau ArtOffice
Kranhäuser
Kunsthaus Rhenania
Rheinauhafen
Rhein
St. Maria v. Frieden
Josephstr.
Bayenstraße
Eifelstr.
Ulrichgasse
Kartäuserkirche
Bürgerhaus Stollwerck
Ehem. Hafenamt
wohnwer[f]t
Kontor 19
Bayenturm
Sachsenring
Lothringer Straße
Ulrepforte
St. Severin
Am Bayenturm
Haus Balchem
Annoriegel
Volksgartenstraße
St. Paul
Karolingerring
Ubierring
Siebengebirge
Volksgarten
Merowingerstr.
Severintor
Mainzer Str.
Agrippinaufer
Vorgebirgsstraße
Rolandstr.
Alte Universität
Teutoburger Str.
Friedenspark
Südbrücke
RUNDGANG C
0 250 500 m

Altstadt-Nord

Rund um den Hauptbahnhof

Hauptbahnhof (I G2): König Friedrich Wilhelm IV. von Preußen legte großen Wert darauf, dass die 1855–59 errichtete Dombrücke, die erste Kölner Rheinbrücke seit der römischen Zeit und zugleich Eisenbahnbrücke, auf den Dom zulief (1911 durch die Hohenzollernbrücke ersetzt, s. S. 51). 1857–59 wurde der »Central-Personenbahnhof« erbaut. Beide verkehrstechnischen Bauwerke bildeten einen Kontrast zum Dom, verbanden diesen aber zugleich mit Modernität. 1890–94 entstand ein historistischer Neubau des Bahnhofs (Empfangsgebäude: Georg Frentzen; Bahnsteighalle und Wartesaal: Johann Eduard Jacobsthal). Erhalten ist das Mittelschiff der eisernen Halle mit 255 m Länge, 65 m Breite und einer Scheitelhöhe von 24 m, ein technisches Denkmal ersten Ranges. In den früheren neobarocken Wartesälen an der Trankgasse ist Gastronomie untergebracht. Ein neues Empfangsgebäude wurde 1957 nach Plänen der Architekten Schmitt und Schneider erbaut: ein sich großzügig öffnender, voll verglaster Bau mit einem Betondach, das sich zum Bahnhofsvorplatz emporschwingt. Aus seinem Inneren erblickt man als in Köln gerade ankommender Besucher bereits den Dom. 1989–91 ergänzten Peter Busmann, Godfrid Haberer und Stefan Polónyi die Bahnsteighalle um eine Überdachung in Form einer filigran-leichten Stahl-Glas-Konstruktion.

♦ **Hohe Domkirche St. Petrus** (I F/G2–3): Die Kathedrale des Erzbistums Köln ist eine fünfschiffige teils gotische, teils neugotische Basilika mit dreischiffigem Querhaus, Chorumgang mit Kapellenkranz und westlicher Doppelturmfassade. Als ein Bauwerk der Vergangenheit von ungeheurer Wucht und Präsenz ragt sie in unsere ganz andere Gegenwart hinein. Sie gehört zu den bedeutendsten Werken der Baukunst in Deutschland und steht in einer Reihe mit den berühmten Kathedralen von Reims, Chartres und Amiens; Letztere war Vorbild. Der Kölner Dom ist der größte Europas.

Möglicherweise existierte am Standort des Doms bereits im 4. Jh. eine erste Kirche. Ein Vorgängerbau des 6. Jh.s manifestiert sich in fränkischen Gräbern einer fürstlichen Frau und eines etwa sechsjährigen Jungen unter dem heutigen Chor. Von einem im selben Jahrhundert errichteten Neubau ist ein achteckiges Taufbecken erhalten, das heute an der Ostseite des Doms hinter einer vergitterten Tür zu sehen ist. Um 800 wurde Köln unter seinem ersten Erzbischof Hildebold (Episkopat etwa 787–818) Erzbistum. Wohl im 9. Jh. entstand eine Doppelchoranlage. Ein weiterer Neubau wurde 870 oder 873 geweiht, der **Alte Dom**, eine doppelchörige, dreischiffige Basilika. 1164 ließ Erzbischof Rainald von Dassel, Kanzler Kaiser Friedrichs I. Barbarossa, die angeblichen Gebeine der Hll. Drei Könige von Mailand nach Köln bringen. Die Stadt zog nun eine gewaltige Zahl von Pilgern an, was ihr zu einem erheblichen wirtschaftlichen Aufschwung verhalf. Der Dom war nun räumlich zu klein geworden, und sein Stil wurde als unmodern angesehen. Auch galt es, einen angemesseneren Ort für die Reliquien der Hll. Drei Könige zu schaffen: in Gestalt eines neuen, ungleich größeren Bauwerks.

Nach dem Brand des Alten Doms 1248 legte man noch im selben Jahr den Grundstein für den **Neubau**, die heutige Kathedrale, die allerdings erst im 19. Jh. vollendet wurde. Man orientierte sich an der gänzlich neuen Formgebung der französischen Kathedralgotik. Begonnen wurde mit dem Chor und Teilen der Querhausostwand. 1322 wurde der Chor geweiht, danach errichtete man die unteren Teile der Querhausostwand, die Südseitenschiffe des Langhauses bis zu einer begrenzten Höhe, im

15. Jh. dann die beiden unteren Geschosse des Südturms und die nördlichen Seitenschiffe. Im 16. Jh. folgte der Sockelbereich des Nordturms. Bis 1528 waren die Bauteile westlich der östlichen Querhauswand mit provisorischen Dächern versehen. Der hölzerne Drehkran auf dem Südturm war dann für drei Jahrhunderte ein Wahrzeichen der Stadt. Baumeister der Kathedrale waren der erste Dombaumeister Gerhard, sein Nachfolger Arnold, dessen Sohn und Nachfolger Johannes und wohl weitere Dombaumeister. 1560 wurden die Bauarbeiten eingestellt; das Geld fehlte, und die Gotik hatte sich als Stil überlebt. So stand im Zentrum Kölns für über 300 Jahre ein baulicher Torso. Erst im 19. Jh. führten neue Strömungen zum Weiterbau: die romantische Begeisterung für die Kunst des Mittelalters und die auf eine nationale Identität nach den Befreiungskriegen zielenden Bestrebungen. Friedrich Schlegel, Goethe und der Kunsthistoriker und -sammler Sulpiz Boissereé traten für die Vollendung der Kathedrale ein. Für den Revolutionär Georg Forster war selbst die Bauruine »ein herrlicher Tempel« (1790), für den Publizisten Joseph Görres war sie ein »Symbol des neuen Reiches, das wir bauen wollen« (1814). Die Nationalstaatsbewegung sah die Vollendung des Doms als Sinnbild ihres Ziels der deutschen Einheit, die dann 1871 noch vor der Fertigstellung der Kathedrale gelang. 1814 und 1816 waren zwei Teile eines 4,05 m hohen Plans der Westfassade vom Ende des 13. Jh.s aufgefunden worden. Der preußische König Friedrich Wilhelm IV. förderte den Weiterbau des Doms, der 1842 begann und 1880 vollendet wurde, 632 Jahre nach dem Baubeginn im Mittelalter. Ernst Friedrich Zwirner, Schüler Karl Friedrich Schinkels und Dombaumeister ab 1833, erarbeitete mit Schinkel die Pläne. Der Protestant Zwirner und sein Nachfolger Richard Voigtel waren die Architekten der Vollendung des Doms.

1945 erhob sich der mit seiner eindrucksvollen Gesamterscheinung trotz Bombenschäden erhaltene Dom inmitten des fast gänzlich vernichteten Stadtzentrums. Die Wiederherstellung unter Leitung von Willy Weyres, Dombaumeister 1944–72, wurde 1956 abgeschlossen. Seit 1996 ist der Dom, eines der bedeutendsten Werke christlicher Kirchenbaukunst überhaupt, UNESCO-Weltkulturerbe.

Außenansicht: Die »vollkommene Kathedrale« nannte Arnold Wolff, Dombaumeister 1972–98, den Dom. Äußerst ausgewogen ist sein Grundriss, der sich auch in der Klarheit des Außenbaus widerspiegelt. Mittelalterlich sind der gesamte Chor und Teile des Querhauses, das Langhaus bis zu einer Höhe von 13,5 m, der Südturm bis zu einer Höhe von 56 m, 6 m des Nordturms sowie die sechs westlichen Gewölbe des Nordseitenschiffs. Alles andere wurde erst 1842–80 errichtet. Die Westfassade entstand nach Plänen des Mittelalters, die Querhausfassaden sind neogotische Schöpfungen. Die Ergänzungen des 19. Jh.s, selbst von hoher Qualität, tun dem Gesamtwerk keinen Abbruch, sondern fügen sich mit den Elementen des Mittelalters zu einem harmonischen Ganzen. Die **Westfassade** ist mit über 7000 m² Fläche die größte jemals errichtete Kirchenfassade. Sie ist von Vertikalität geprägt; die Wimperge des EGs überschneiden die horizontalen Gesimse, und die Strebepfeiler mit ihren Fialen laufen hinauf bis zu den Freigeschossen der Türme. Die fünf Achsen der beiden unteren Geschosse entsprechen der Fünfschiffigkeit des Langhauses. Statt der Rose französischer Kathedralen bildet ein Mittelfenster das Zentrum des ersten Geschosses. Die durchbrochenen **Maßwerkturmhelme** sind eine Kölner Erfindung. 1880 war der Dom mit seinen 157,38 m hohen Türmen das weltweit höchste Gebäude und ist heute noch die dritthöchste Kirche der Welt. Das einzige im Mittelalter gestaltete der drei Portale ist das rechte, das **Petersportal** mit fünf Gewändefiguren (1375; durch Kopien ersetzt; **2** im Grundriss auf S. 41) – von innen nach außen: die hll. Petrus, Andreas und Jakobus (links) sowie Paulus und Johannes (rechts). Die **Querhausfassaden** entstanden nach Entwürfen Ernst Friedrich Zwirners bis 1855. Die **Südfassade** gilt als eines der bedeutendsten Werke der Neogotik überhaupt. Die vier Türen des Südquerhauses (3) schuf Ewald Mataré 1948–54, im Ursulaportal (links) ist der Dom in der brennenden Stadt dargestellt. Der **Kapellenkranz** mit den spitzen Zeltdächern der Kapellen bildet das klar und schlicht gestaltete untere Geschoss des Chors (13. Jh.); darüber erhebt sich der **Hochchor** mit einem überbordenden Strebewerk, das filigrane Fialen krönen. Das Strebewerk der Südseite des **Langhauses** (1863) mit doppelten Pfeilern und Bögen ist nach dem Vorbild des Chors gestaltet worden. Der 1859 aufgestellte **Vierungsturm** wurde nach einem neuen Entwurf von Willy Weyres 1965–70 mit Blei gedeckt.

Innenraum: Die Innenlänge beträgt 136,5 m, die Mittelschiffe von Chor, Querbau und Langhaus sind 43,35 m hoch. Der dreigeschossige Wandaufbau des Hochchors (Binnenchors) mit Arkaden, durchlichtetem Triforium und Obergaden ist maßgeblich auch für Lang- und Querhaus. Ohne Unterbrechung steigen die Dienste, also die Rundstäbe, die den Bündel-

---

Grundriss des Doms

1 Westportal
2 Petersportal
3 Südquerhaus
4 Nördliches Seitenschiff
5 Klarenaltar
6 Mosaikfußboden im Chor
7 Sakramentskapelle
8 Kreuzkapelle
9 Engelbertkapelle
10 Maternuskapelle
11 Johanneskapelle
12 Dreikönigskapelle
13 Agneskapelle
14 Michaelskapelle
15 Stephanuskapelle
16 Marienkapelle
17 Hochchor
18 Dreikönigsschrein
19 Agilolphusaltar
20 Fenster des Südquerhauses von Gerhard Richter
21 Bayernfenster

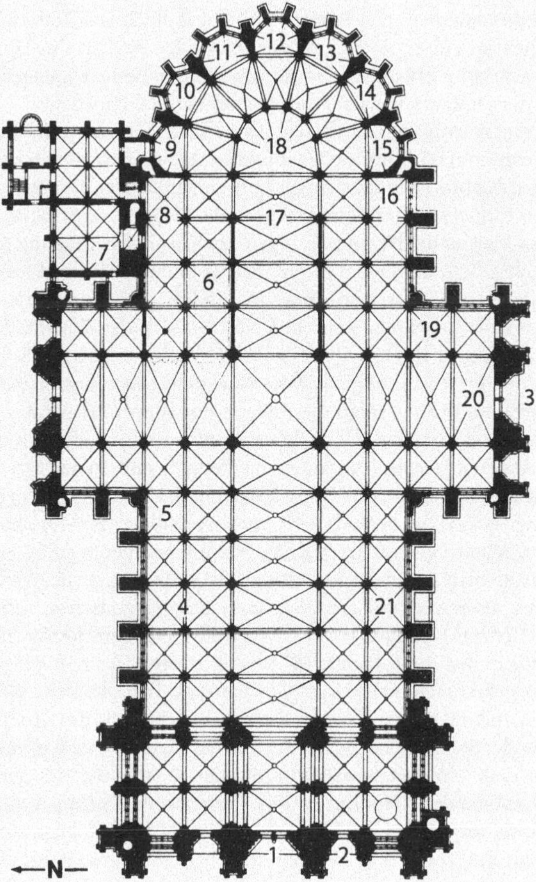
1
2
3
4
5
6
7
8
9
10
11
12
13
14
15
16
17
18
19
20
21
N

pfeilern der Mittelschiffe vorgebaut sind, hinauf bis zu den Gewölbekapitellen. Die Arkatur ist 19,75 m hoch, das Triforium erhebt sich über 5,80 m, und der Obergaden erreicht eine Höhe von 19,75 m. Ein Sog nach oben ergreift den Besucher, wenn er in diesen Raum von überwältigender Vertikalität schaut.

Ein **Rundgang** durch den Dom nach Eintritt durch das Westportal (1) führt zu bedeutenden **Ausstattungsstücken**: Fünf **Farbfenster im nördlichen Seitenschiff** (1507–09; 4) von Künstlern der Kölner Malerschule (Meister von St. Severin und Meister der Hl. Sippe) zeigen (im Westen beginnend): das Leiden Jesu, das Leben des hl. Petrus und eine Wurzel Jesse, die Geburt Christi, die Anbetung und die Krönung Mariens. Ebenfalls im Nordseitenschiff befindet sich der **Klarenaltar** (um 1350; 5), das bedeutendste Altarwerk des 14. Jh.s in Köln, dessen erste Öffnung 24 Szenen aus dem Leben Jesu präsentiert. Um 1400 wurden die Bilder übermalt. Auf den Außenflügeln stellte man die Originalfassung 1909 wieder her, so dass heute zwei Stilvarianten zu erkennen sind. In den **Mosaikfußboden im Chor** (1892–99; 6) nach einem Entwurf von August Essenwein sind die Namen der Kölner (Erz-)Bischöfe von Maternus (um 313/314) bis Philipp Krementz (1885–99) eingeschrieben. In der **Sakramentskapelle** (7), 1277 der Nordseite als Kapitelsaal angefügt, ragt ein spätgotisches Sakramentshaus (um 1460) bis zum Gewölbe. Das **Gerokreuz** (um 970) in der Kreuzkapelle (8) ist die älteste Monumentalfigur des gekreuzigten Christus. Der naturalistisch gestaltete Korpus und die Kreuzbalken sind ursprüngliche Teile des Kruzifixes, der Strahlenkranz dahinter und der Marmoraltar stammen aus dem Jahr 1683. In der Maternuskapelle (10) steht das 1320–30 entstandene **Hochgrab des Erzbischofs Philipp I. von Heinsberg**. Die Liegefigur ist von der Miniaturmauer einer Stadt mit Toren und Türmen umgeben, ein Verweis auf den Bau der neuen Stadtbefestigung Kölns 1180 zur Zeit des Episkopats Philipps (1167–91). Das **Hochgrab des Erzbischofs Konrad von Hochstaden** (Mitte 13. Jh.) befindet sich in der Johanneskapelle (**12**). Konrad, der 1248 den Grundstein für den gotischen Dom legte, ist als Bronzefigur gestaltet. Das **Ältere Bibelfenster** (1260/61) in der Dreikönigskapelle, das älteste Glasgemälde der Kathedrale, setzt zehn Ereignisse aus dem Leben Jesu zu zehn entsprechenden Begebenheiten des Alten Testaments in Beziehung. Ein grandioses Werk der mittelalterlichen Malerei Kölns ist der **Altar der Stadtpatrone** in der Marienkapelle (**16**), den Stefan Lochner um 1445 für die Ratskapelle bemalte; erst 1809 gelangte er in den Dom. Dieser Flügelaltar zeigt in der Mitte Maria mit dem Jesusknaben und die Anbetung der Hll. Drei Könige mit Gefolge. Links ist die hl. Ursula mit ihren Jungfrauen, ihrem Bräutigam sowie einem Papst und einem Bischof dargestellt, rechts der hl. Gereon mit seinen Gefährten der Thebäischen Legion. Herausragend sind die Farben, die raffiniert gemalten Gewänder und die präzise wiedergegebenen Pflanzen. Ebenfalls in der Marienkapelle steht die **Mailänder Madonna** (Ende 13. Jh.). Der 1322 geweihte **Hochaltar im Hochchor** (Binnenchor; **17**) ist einer der größten christlichen Altäre. Seine Mensa (Altarplatte) ist ein einziger Stein aus schwarzem Marmor mit einer Fläche von fast 10 m² und einem Gewicht von rund 6 t. Auf den Wänden des Stipes (Altarblock) aus dem gleichen Marmor sind Maßwerkarkaden aus weißem Carraramarmor mit Figuren angebracht; in der Mitte ist eine von Aposteln flankierte Marienkrönung zu sehen. Hinter dem Hochaltar steht der **Dreikönigsschrein** (**18**), der zwischen 1190 und 1220 in der Werkstatt des Nikolaus von Verdun geschaffen wurde. Er enthält die angeblichen Gebeine der drei »Weisen aus dem Morgenland« sowie die sterblichen Überreste der hll. Felix, Nabor und Gregor von Spoleto. Erzbischof Rainald von Dassel brachte die Reliquien der drei Könige 1164 von Mailand nach Köln. Es handelt sich um den größten Reliquienschrein des Mittelalters, und er besteht aus drei aufeinandergesetzten Schreinen, die mit Figuren aus Gold und feuervergoldetem Silber geschmückt und reich mit Edelsteinen und Emailbeschlägen verziert sind. Die Stirnseite aus purem Gold zeigt die Anbetung der Könige, die Taufe Jesu und Christus als Richter des Jüngsten Gerichts. Auf der Rückseite sind unten die Passion Christi und oben die Krönung der Märtyrer Felix und Nabor durch Christus dargestellt; zwischen den Ebenen ist eine Büste Rainald von Dassels zu sehen. Die Seitenflächen des Schreins sind mit Propheten- und Apostelfiguren besetzt. Das 1308–11 geschnitzte **Chorgestühl** ist mit seinen 104 Sitzen das größte in Deutschland. Die gegenüberliegenden Plätze an den östlichen Enden der beiden Reihen waren Kaiser und Papst bzw. deren Vertretern vorbehalten. An den Wangen zwischen den Sitzen und unter den Miserikordien (Unterbauten der Klappsitze) finden sich geschnitzte Menschen- und Tierfiguren sowie Reliefs, die ganz Weltliches wie etwa einen Arztbesuch, eine Tänzerin oder ein Liebespaar zeigen. Die hohen **Chorschranken** hinter dem Gestühl sind mit einem Wandmalereizyklus aus den Jahren 1332–40 bedeckt, dem ältesten Werk der Kölner Malerschule. Zu sehen sind u. a. Szenen aus dem Leben von Heiligen und eine Aneinanderreihung der römischen und deutschen Kaiser und Könige sowie der Kölner Bischöfe und Erzbischöfe. Hinter dem nördlichen Chorgestühl geht es hinunter in die **Krypta**, die Willy Weyres 1960 neugestaltete. Hier sind fast alle Kölner Erzbischöfe seit 1838 beigesetzt. Die rund 850 m² Fläche umfassenden, 1311 fertiggestellten **Obergadenfenster des Hochchors** zeigen den größten europäischen Glasmalereizyklus des 14. Jh.s. Im mittleren Fenster sind die Anbetung der Hll. Drei Könige und 48 stehende Königsfiguren zu sehen (wohl die 24 Könige Judas und die 24 Könige der Apokalypse). An den **Chorpfeilern** sind Skulpturen auf Konsolen ange-

Fenster von Gerhard Richter (2007) im Südquerhaus des Doms

bracht: Christus, Maria und die zwölf Apostel (Ende 13. Jh.). Im südlichen Querhaus ist der **Agilolphusaltar** (19) aufgestellt, ein Schnitzaltar mit einer Fülle von Figuren und gemalten Flügeln, entstanden um 1520 in Antwerpen. Daneben steht der historistische **Agilolphusschrein** (1914) von Josef Kleefisch. Das 2007 eingefügte rund 100 m^2 große, abstrakte **Fenster des Südquerhauses** (20) schuf Gerhard Richter. Es besteht aus 11 263 farbigen Quadraten mit 9,6 cm Kantenlänge, deren 72 Farben in den anderen Fenstern des Doms bereits vorkommen. Die Verteilung der Farbfelder wurde nach dem Zufallsprinzip vorgenommen, aber die Farbgebung ist bei jeweils zwei Bahnen gleich, allerdings seitenverkehrt: Bei den Langbahnen spiegeln sich die 1. und 3., die 2. und 5. sowie die 4. und 6. Bahn. Die Verschmelzung von Abstraktion, Licht und Farbe ist eindrucksvoll. Die von Ludwig I. von Bayern gestifteten sog. **Bayernfenster** (21) im südlichen Seitenschiff wurden 1848 eingesetzt und sind bedeutende Arbeiten der Glasmalerei des 19. Jh.s. Sie wurden unter der Leitung von Maximilian Ainmiller in der Königlichen Anstalt für Glasmalerei in München gefertigt und zeigen von West nach Ost: Johannes den Täufer, die Anbetung der Hirten und Könige, die Kreuzabnahme, das Pfingstereignis und die Steinigung des hl. Stephanus.

Die 1995–2000 um- und teils neugebaute **Domschatzkammer** ist vom Nordquerhaus des Dominneren oder von außen über einen von Bernd Billecke entworfenen, mit Bronzeplatten verkleideten Kubus östlich der Nordquerhausfassade zugänglich. Diese Heiltumskammer birgt Reliquien, in den unterirdischen Geschossen (Gestaltung: Ingrid Bussenius) werden u. a. Kreuze, Monstranzen, Reliquiare, originale Bauelemente und Paramente (liturgische Kleidungsstücke) aufbewahrt. Rechts neben der Westfassade steht das von Kaspar Kraemer 2008/09 errichtete **Eingangsgebäude**, das oberirdisch aus zwei Sandsteinkuben besteht. Oben ist der **Domshop** untergebracht, unten führt ein Tunnel, der durch das Südturmfundament gebohrt wurde, zu einem erhaltenen **römischen Keller** (3./4. Jh.) unter dem Roncalliplatz und zur Kassenhalle der Turmbesteigung. Ein weiterer **römischer Keller** (2. Jh.) befindet sich in der Tiefgarage unter der Domplatte.

Die **Dom-Aussichtsplattform** liegt auf knapp 100 m Höhe und ist über 533 Stufen zu erreichen.

Domplatte (I F2–3): 1968–70 entstand nach Plänen von Fritz Schaller eine den Dom umgebende Fußgängerplattform mit den Plätzen Domkloster und Roncalliplatz. Damit wurde die Stadt gleichsam auf die Höhe der Domportale angehoben; Schaller wollte die Insellage des Doms beenden und ihn in die Stadt integrieren. Das brutalistische Plateau, das von Granitplatten mit geometrischem Muster bedeckt ist, überdeckelt seitdem den Verkehr und bietet einen weiten Raum für Fußgänger. 2006 überarbeitete Christian Schaller, der Sohn des Architekten, die Domplatte gestalterisch. Dabei entstand zwischen Bahnhofsvorplatz und Domplatte eine neue, großzügige Treppe. 2013–17 erfuhr die östliche Domumgebung durch Allmann, Sattler, Wappner Architekten eine Neugestaltung. Teile der Domplatte wurden entfernt, über eine neue Freitreppe gelangt man zum Museum Ludwig, und eine geschwungene Treppe führt hinauf zur Domplatte. Am Fuße dieser Treppe steht der **Dionysos-Brunnen** (1973) von Hans Karl Burgeff, fast provokativ positioniert zu dem **Baptisterium**, das sich hinter einem Gitter aus Bronzeguss verbirgt. Dieses frühchristliche Baptisterium mit seiner achteckigen Piscina, dem Taufbecken, ist durch ein Panoramafenster einsehbar. Die Wände des von Allmann, Sattler, Wappner gestalteten Vorraums sind mit gefalzten Goldbronzeplatten verkleidet. Sie verweisen auf die einstigen Vorhänge zwischen den Säulen des Taufbeckens. Mit der Dämmerung schaltet sich automatisch die Lichtinstallation *zwei, drei Szenen für das Baptisterium* von

Mischa Kuball ein. Das Baptisterium ist nur im Rahmen von Führungen zugänglich.

Domforum (gegenüber der Westfassade des Doms, I F3): Der Bau entstand 1951–54 nach Plänen von Fritz Schaller als Bank für Gemeinwirtschaft. Schallers Sohn Christoph gestaltete ihn 1995 zum Domforum um. Darin befinden sich das Informations- und Begegnungszentrum der katholischen Kirche Kölns und das Besucherzentrum des Doms. Über den Kolonnaden des EGs erhebt sich eine fünfgeschossige Rasterfassade, das DG tritt unter einem hervorkragenden, flachen Dach zurück. Die Fenster sind hinter das Sichtbetonraster gesetzt, was der Fassade einen reliefartigen Charakter verleiht. Die Kante des 1. OGs wird durch einen Eckbalkon mit Bronzebrüstungen von Ludwig Gies betont. Das EG ist vollständig verglast, die rautenförmigen Scheiben mit bronzenen Profilen bilden eine netzartige Struktur. Im Innern öffnet sich die Decke zu einem kreisförmigen Umgang im 1. OG. 2010 gestalteten Martini Architekten das Foyer mit einer skulpturalen, geschwungenen Theke aus Acrylstein neu.

Haus Goldschmidt (Domkloster 1, I F3): Paul Bonatz, ein Vertreter der konservativen »Stuttgarter Schule« der Architektur, vereinte bei diesem Bau 1927/28 das Traditionelle mit modernen Elementen. Das mit Werkstein gestaltete EG, die Flachbogenfenster darüber, die werksteingerahmten Fenster und die figürlichen Bauplastiken von Willy Meller stehen für bauliche Tradition: Die Rundfenster, die sachliche Gestaltung des 2.–4. OGs mit einer Fensterreihung und das zurückgenommene DG intonieren Modernität.

Blau-Gold-Haus (Domkloster 2, I F3): Das 1952 von Wilhelm Koep errichtete sechsgeschossige Geschäftshaus der Firma 4711 ist ein Beispiel für Corporate Design der 50er Jahre. Das EG mit gewölbten Scheiben und Granitpfeilern, auf die strahlenförmige Metallrippen gesetzt sind, ist von mondäner

Eleganz. Die Stahl-Aluminium-Glas-Fassade des Stahlskelettbaus mit ihren elfenbeinfarbenen Glasbrüstungen und goldfarbenen Metallelementen erstrahlt nachts effektvoll in Türkis, passend zur Marke 4711 mit ihren Farben Gold und Türkis. Damit strahlt das Haus eine auf charmante Weise antiquiert wirkende Heiterkeit und Leichtigkeit der 50er Jahre aus.

Das **Domhotel** (Domkloster 2a, I F3) wurde 1890–93 von Heinrich Kayser und Karl von Großheim als klassisches Grandhotel errichtet. Den historistischen Bau saniert das Büro ingenhoven architects; das oberste Geschoss ist als verglastes Penthouse für gastronomische Zwecke geplant.

Römisch-Germanisches Museum (I G3): 1941 entdeckte man beim Bau eines Luftschutzbunkers neben dem Dom das **Dionysosmosaik** (um 220/230 n. Chr.), das einst Teil des Fußbodens eines 2500 m² großen römischen Wohnhauses war. 1970–74 entstand an Ort und Stelle nach Plänen von Klaus Renner und Heinz Röcke ein Gebäude für das archäologische Museum Kölns (zur Sammlung s. S. 184). Der geschlossene, aufgeständerte Kubus setzt der filigranen Vertikalität des Doms eine entschieden moderne Horizontalität entgegen und bietet von außen einen Blick auf das Dionysosmosaik und auf das 1965 entdeckte, 14,70 m hohe Grabmal des Legionärs Poblicius (um 40 n. Chr.).

Zwischen dem Museum und der Straße Am Hof (I G3) liegt die 33 m lange und 6 m breite **römische Hafenstraße** (2. Jh.). Auch Reste eines **römischen Abwasserkanals** finden sich hier.

Dombauhütte (zwischen Dom und Museum Ludwig, I G3): Rund 100 Mitarbeiter zählt die Kölner Dombauhütte, darunter Steinmetze, Glasrestauratoren, Dachdecker und Goldschmiede. Ihre Aufgabe ist es, der Nachwelt den Dom zu erhalten. Der untere Teil der Dombauhütte um den Hüttenhof entstand 1969/70 nach Entwürfen von Klaus Renner und Heinz Röcke, die auch das Römisch-Germanische Museum erbauten. Das obere Gebäude wurde 1983/84 nach Plänen von Bernd Billecke, damals stellvertretender Dombaumeister, errichtet. Der graue Gebäudekomplex erfährt durch rote Querstreifen und Fenster eine gewisse postmoderne Lockerheit, ebenso durch die Krönung der Walmdächer mit lichteinlassenden Aufsätzen, auch sie mit Walmdächern, auf die Turmkugeln gesetzt sind.

Museum Ludwig (I G3): Das Angebot des Sammler-Ehepaars Peter und Irene Ludwig, der Stadt Köln 350 Kunstwerke zu schenken, führte zur Errichtung des Museums Ludwig 1978–86 nach Plänen von Peter Busmann und Godfrid Haberer. In Kölns Museum für die Kunst des 20. und 21. Jh.s war bis 2001 auch das Wallraf-Richartz-Museum untergebracht (s. S. 185). Auf dem Gelände zwischen dem Ostchor des Doms und dem Rhein gelang es den Architekten, ein gewaltiges Bauvolumen – Museum Ludwig und Philharmonie – überzeugend verteilt und elegant gestaltet unterzubringen. Die gestaffelt angeordneten Baukörper des Museums mit ihren Sheddächern zeigen eine markante, höchst eigenwillige Architektur. Die Kleinteiligkeit der Dachlandschaft schafft einen Bezug zur Altstadt. Das Gebäude ist teils mit Backstein verblendet, seine zinkverkleideten Segmente von Mauern und Dach verweisen ästhetisch auf den Dom. Eine imposante Treppenanlage durchzieht das Innere des Museums. Zur Sammlung s. S. 181 f.

Die **Philharmonie** (I G3) entstand ebenfalls 1978–86 nach Plänen von Peter Busmann und Godfrid Haberer, und zwar unter der Erde. Über dem Konzertsaal, der wie ein Amphitheater gestaltet ist, wölbt sich eine offene Stahlbinder-Fachwerk-Konstruktion mit einer Objekt-Licht-Installation von Barna von Sartory.

Den **Heinrich-Böll-Platz** (I G3) vor dem Museum Ludwig gestaltete Dani Karavan 1980–86 mit seinem Environment

Ma'alot (hebräisch für »Stufe, Terrasse«) aus Granit, Gusseisen und Eisenbahnschienen, dessen zentrales Element ein 10,80 m hoher Turm ist.

Zwischen Heinrich-Böll-Platz und Rheinufer steht der mit Bronzeelementen, Steinquadern und Pflastersteinen gestaltete **Rheinbrunnen** (1986) von Eduardo Paolozzi.

Hohenzollernbrücke (I G2): Ihre Vorgängerin zwischen dem Hauptbahnhof und Deutz war die 1859 eröffnete Dombrücke, die erste Kölner Rheinbrücke seit der römischen Zeit, die dem Wunsch des preußischen Königs Friedrich Wilhelm IV. gemäß auf die Mittelachse des Doms ausgerichtet war. Dem Monarchen ging es um eine Verknüpfung der Geschichte in Gestalt des Doms, dessen Weiterbau er förderte, mit moderner Technik. Zunehmender Verkehr machte einen Neubau notwendig, und so entstand 1907–11 die Hohenzollernbrücke (Friedrich Beermann und Franz Schwechten): eine Bogensehnenträgerkonstruktion von 409 m Länge mit vier Eisenbahngeleisen und einer Straße. Der Dreiklang von Hauptbahnhof, Hohenzollernbrücke und Dom, fortschrittliche Verkehrstechnik und Rückgriff auf eine glanzvolle Vergangenheit, bot den Hohenzollern eine bauliche Repräsentation ihres Herrschaftsanspruchs. Dazu passt die üppige Bestückung der Brückenrampen mit Reiterdenkmälern preußisch-deutscher Herrscherfiguren: Linksrheinisch erheben sich zu Pferde Kaiser Friedrich III. und Kaiser Wilhelm II. (beide Skulpturen von Louis Tuaillons, 1910; ungewöhnlich ist, dass das Porträt Wilhelms schon zu dessen Lebzeiten errichtet wurde), rechtsrheinisch König Friedrich Wilhelm IV. (Gustav Blaeser, 1863) und Kaiser Wilhelm I. (Friedrich Drake, 1876). Im März 1945 zerstörte die deutsche Wehrmacht die Brückenpfeiler. Bis 1959 wurde die Brücke wiedererrichtet. Heute ist sie die meistbefahrene deutsche Eisenbahnbrücke.

Musical Dome (I G2): Die Musical-Spielstätte für über

1700 Zuschauer nahe dem Hauptbahnhof errichtete Klaus Latuske 1996. Das Glas-Stahl-Gebäude wird von einer Kuppel aus blauem Polyester überwölbt, der vier Stahlbögen und 20 Stahlseile Halt geben. Der Bau war ursprünglich als Provisorium bis zum Jahr 2000 gedacht, der Rückbau wurde aber immer wieder verschoben.

Jesuitenkirche **St. Mariä Himmelfahrt** (I F2): Köln war 1544 der erste deutsche Standort der Jesuiten. Ihre Kirche entstand ab 1618 nach den Entwürfen von Christoph Wamser und wurde 1689 mit dem nördlichen Fassadenturm vollendet: eine dreischiffige Emporenbasilika mit Doppelturmfassade und quadratischem Ostturm. Nach Kriegszerstörungen wurde sie 1949–85 unter Leitung von Wilhelm Schlombs wiederhergestellt. Bemerkenswert ist das Nebeneinander von mittelalterlich anmutender und barocker Gestaltung. Die **Westfassade** setzt mit ihren romanisierenden Bogenfriesen und Rundbogenfenstern Romanik in Szene, das große Maßwerkfenster intoniert Gotik, die Pfeiler toskanischer Ordnung mit Obelisken und einem Schweifgiebel darüber zeigen eine barocke Formensprache. Der stilistische Gegensatz findet im Innern seine Fortsetzung. Im **Mittelschiff** kontrastieren das Netzsterngewölbe, die spitzbogigen Arkaden und die Emporen mit Maßwerkbrüstungen mit der durch Lichtführung, Farbigkeit (Grau, Blau, Rosa und Gold) und prächtige Ausstattung, die Jeremias Geisselbrunn verantwortete, bewirkten frühbarocken Ausstrahlung. Die Gestaltung der Kirche in Bauformen des Mittelalters, das längst vorbei war, mag der Orientierung an der Dominanz mittelalterlicher Kirchen in Köln geschuldet sein. Vielleicht aber galten den Gestaltern des 17. Jh.s auch Romanik und Gotik als zeitunabhängige Stilformen sakraler Architektur. Auch die gegenreformatorische Stoßrichtung der Jesuiten könnte ein Motiv für den ästhetischen Rückgriff auf das Mittelalter gewesen sein. Der 22,50 m hohe **Hochaltar** (1628) zeigt ein Bild der Himmelfahrt Mariens (1643) von Johann Hulsmann. Die **Kanzel** (1634) von Valentin Boltz versah Jeremias Geisselbrunn mit Figuren und Reliefs; er schuf auch die **Pfeilerfiguren** im Mittelschiff (1624). Beim **Tabernakel** öffnet ein Mechanismus zwei Türen und gibt so den Blick auf die Monstranz frei.

Das an die Kirche anschließende ehem. Jesuitenkolleg, erbaut 1715 und Matteo Alberti zugeschrieben, ist heute **Erzbischöfliches Generalvikariat**. Der Eingang liegt in der Marzellenstr. 32 unweit des Kirchenportals. Die viergeschossige Fassade ist von Kolossalpfeilern gegliedert, die jeweils über zwei Stockwerke reichen, und von einem Volutengiebel gekrönt.

Zwischen Roncalliplatz und Pipinstraße

Haus Saaleck (Am Hof 50, I G3): Das 1461 als Wohnhaus und Warenlager erbaute spätgotische Gebäude orientierte sich mit seinen Kreuzstockfenstern und polygonalen Eckwarten am Gürzenich (s. S. 64). Nach dem Abriss der Kriegsruine rekonstruierte Wilhelm Koep das Gebäude 1955/56. Mertens Architekten nahmen 2013 einen Umbau mit modernen Dachaufbauten vor. Im Haus Saaleck befindet sich die **Artothek**, die zeitgenössische Kunst ausleiht und Ausstellungsraum für junge Kunst bietet.

Haus Wormland (Hohe Str. 124–126, I F3): Im Zuge eines Umbaus des Kaufhauses Wormland verkleidete Peter Neufert 1965/66 die Fassaden des Eckhauses Hohe Straße / Salomonsgasse mit einer Aluminiumhaut aus quadratischen, pyramidenförmigen Platten. Metall als Fassadenmaterial mit seiner das Licht reflektierenden Oberflächenstruktur signalisierte Mitte der 60er Jahre radikale Modernität. Der avantgardistische Gestus wurde noch verstärkt durch eine an der Hohen Straße angebrachte Lichtplastik von Otto Piene, der 1958 mit Heinz Mack die Düsseldorfer Künstlergruppe ZERO gründete, zu der ab 1961 auch Günther Uecker gehörte. Pienes Installation *Licht und Bewegung* (1966) besteht aus einer Halbkugel, von der strahlenartig Stäbe ausgehen, die in Aluminiumkugeln enden; weitere Stäbe ragen direkt aus der Fassade heraus. Ursprünglich wurden die Kugeln beleuchtet und drehten sich gemäß einer elektronischen Programmierung.

Historisches Rathaus (I G3): Der Komplex stammt aus dem 14.–20. Jh. Ein Vorläuferbau, das *domus civium*, »Haus der Bürger«, wurde Mitte des 12. Jh.s als erstes deutsches Rathaus errichtet. Das Pogrom von 1349 führte zum Abbruch jüdischer Häuser in der Umgebung – hier erstreckte sich das Judenviertel der Stadt –, wonach ein neuerer, größerer Rathausbau errichtet wurde. Nach Vertreibung der Juden aus der Stadt 1424 wurde die Synagoge in die Ratskapelle umgewandelt (im Zweiten Weltkrieg zerstört). Im Rathausbau des 14. Jh.s befindet sich der Ratssaal, seit dem 19. Jh. **Hansasaal** genannt, weil man annahm, dass hier 1367 die Hansestädte getagt hätten. Dessen Seitenwände sind mit einer Maßwerkgliederung gestaltet. An der Nordwand sind acht Prophetenfiguren angebracht, Kunststoff-Replikate aus dem 3D-Drucker, vom Kunstmaler Hans Wäckerlin farbig gefasst. Die Originale (erste Hälfte 15. Jh.) befinden sich aus konservatorischen Gründen im Museum Schnütgen. Standbilder an der Südwand des Hansasaals zeigen die *Neun Guten Helden* von Alexander dem Großen über Caesar bis zu Karl dem Großen, die als hervorragende Skulpturen ihrer Zeit (erste Hälfte 14. Jh.) gelten. Der 1407–14 errichtete, 61 m hohe **Ratsturm**, Ausdruck städtischen Selbstbewusstseins und gleichsam Kölns erstes Hochhaus, zeigt mit der Horizontalität der Gesimse und der Vertikalität der hohen Maßwerkfenster eine ausgewogene Fassadengestaltung. Ab den 1980er Jahren wurde der Turm mit 124 legendären und historischen Figuren der Stadtgeschichte bestückt. Ein neuer Ratssaal im 1. OG des Turms, der **Senatssaal**, bietet eine prunkvolle Intarsientür (1601) und ein gleichartig gestaltetes Ratsgestühl. Die **Rathauslaube**, von der die Bürgermeister dereinst die Ratsbeschlüsse verkündeten, ist der bedeutendste Kölner Renaissancebau. 1569–73 errichtete Wilhelm Vernucken die zweigeschossige Bogenhalle, deren OG 1617/18 eine Gotisierung durch ein Kreuzrippengewölbe erfuhr. Das mittlere

Intarsientür von Melchior von Reidt aus dem Jahr 1601 im Senatssaal des Rathauses

Brüstungsrelief des OGs zeigt den legendären, siegreichen Kampf des Kölner Bürgermeisters Grin mit einem Löwen und steht für die städtische Autonomie gegenüber dem Erzbischof. Der **Löwenhof** (1541) mit einem Arkadengang wurde nach Kriegszerstörung rekonstruiert. Ein Stolperstein vor der Rathauslaube erinnert an die Deportation von Sinti und Roma nach Auschwitz auf Befehl der SS vom 16. 12. 1942. 1966–72 ergänzten Karl Band und Eugen Weiler das Rathaus um einen zentralen Lichthof, die **Piazzetta**, in der die Plastik *Baldachin* (1980), genannt »Wolke«, von Hann Trier schwebt. In den weiteren Rathausneubauten Bands und Weilers sind die Diensträume des Oberbürgermeisters untergebracht. Die Balkone einer Rasterfassade am Alter Markt sind mit markanten Bronzeelementen von Josef Rikus bestückt.

Der **Spanische Bau** (Rathausplatz 1, gegenüber dem Historischen Rathaus, I G3) entstand 1954–56 nach Plänen von Franz Löwenstein und Theodor Teichen: ein zweigeschossiges städtisches Verwaltungsgebäude, dessen Name auf einen Vorgängerbau des 17. Jh.s zurückgeht und in dem sich der Sitzungssaal des Rates befindet. Es handelt sich um einen zurückhaltenden Backsteinbau mit Werksteinelementen. Seinen Eingang flankieren steinerne Ährenreliefs von Günther Lossow. Innen bietet der Bau eine zeittypische Ausstattung von hoher Qualität. Das Treppenhaus mit seiner kühn gekurvten Treppe erhält sein Licht von Georg Meistermanns *Geschichtsfenster* (1958) mit Namen und Daten der Kölner Stadtgeschichte. Im Lichthof ist ein sehenswertes riesiges Stadtmodell aufgebaut.

Auf dem Theo-Burauen-Platz vor dem Spanischen Bau steht ein Teilstück eines **römischen Abwasserkanals**.

MiQua – LVR-Jüdisches **M**useum **i**m Archäologischen **Qua**rtier Köln (I G3): Im archäologischen Ausgrabungsareal am Rathausplatz ist eine Museumslandschaft nach Plänen des Architekturbüros Wandel Hoefer Lorch Hirsch Götze Wach geplant, die sich unter dem Historischen Rathaus, dem Spanischen Bau und dem Rathausplatz erstrecken und 2025 eröffnet werden soll. Reste des **Praetorium**, des römischen Statthalterpalastes des 4. Jh.s unter dem Spanischen Bau, die Ursprungsbauten des Rathauses, das jüdische Quartier und das Goldschmiedeviertel werden wesentliche Elemente des Museums sein, dessen oberirdischer Teil, das Jüdische Museum, zugleich die Schutzhülle der hoch liegenden Relikte der Synagoge und der Mikwe, des jüdischen Ritualbades, bilden wird.

Farina-Haus (I G3): Der Italiener Johannis Maria Farina kreierte 1708 in Köln ein »Wunderwasser«, das erst 1742, als es auch in Frankreich vertrieben wurde, »Eau de Cologne« genannt wurde. Seit 1709 existiert die Firma »Johann Maria Farina gegenüber dem Jülichs-Platz« (heute Gülichplatz), weltweit die älteste bestehende Parfümfabrik. Doch dieses erste Gebäude ist nicht erhalten. Bernhard Below und Emil Schreiterer errichteten stattdessen 1897–99 einen neobarocken, dreigeschossigen Werksteinbau, der nach Kriegsschäden vereinfacht rekonstruiert wurde. Kolossalpilaster gliedern die Fassaden, ein vierachsiger Aufsatz mit Dreiecksgiebel dominiert das DG. Auf der abgerundeten Gebäudeecke sind der Firmenname und darüber eine Kartusche mit Wappen und Putti angebracht. Seit 2003 ist im Farina-Haus ein Duftmuseum untergebracht (s. S. 178).

Das **Haus Neuerburg** (Gülichplatz 3, I G3) war Stammsitz der Zigarettenfabrik Haus Neuerburg und ist heute Sitz städtischer Dienststellen. Emil Felix errichtete den dreigeschossigen Bau mit zwei Flügeln 1921–23 und 1928/29 in einem traditionalistischen Stil mit Fassaden aus Backstein und Muschelkalk – während andernorts in Köln schon Bauten der Neuen Sachlichkeit entstanden. Der Westflügel an der Straße Obenmarspforten spielt stilistisch auf Bürgerhäuser der Renaissance an, der südliche Bauteil hat eine barocke Anmutung. Ein polygonaler

Turm mit Zinnen ist eine Reminiszenz an spätmittelalterliche Treppentürme Kölner Patrizierhäuser. Die Bauplastik von Wolfgang Wallner und schmiedeeiserne Arbeiten Carl Wylands beziehen sich auf die Tabakproduktion und die Kölner Geschichte, so etwa die Tabakpflanze an der Gebäudeecke am Quatermarkt.

Der **Fastnachtsbrunnen** (1913) am Gülichplatz von Georg Grasegger zeigt tanzende Paare.

Wallraf (Wallraf-Richartz-Museum & Fondation Corboud) (I G3): Der heutige Museumsbau ist bereits der fünfte in der Geschichte der Kunstsammlung, deren Grundstock auf den Botanikprofessor und Kölner Universitätsrektor Franz Ferdinand Wallraf (1748–1824) zurückgeht (zum Namen, zu den Vorläufergebäuden sowie zur Sammlung s. S. 185). Er entstand 1998–2001 neben der Ruine von Alt-St. Alban (s. S. 65) nach Plänen von Oswald Mathias Ungers: ein klarer Kubus aus hellem Sandstein mit einem Basaltsockel. Auf den Fassaden zwischen den Geschossen laufen quer gesetzte schmale Schieferflächen von Ian Hamilton Finlay, in die Namen von Künstlern der Sammlung eingemeißelt sind. Die drei Obergeschosse öffnen sich nur an der Ecke Obenmarspforten/Martinstraße mit großen Fenstern und bieten einen Blick auf Dom und Historisches Rathaus. Die Quadraturen im Museumsgebäude haben eine Kantenlänge von 96 cm, mit der sich Ungers an der Vierung Alt-St. Albans orientiert hat. An die Museumsrückseite ist ein Verwaltungsbau mit dreifach gestufter Fassade angesetzt. Zwischen Haupt- und Verwaltungsbau zeichnet ein verglastes Treppenhaus den Verlauf der Gasse »In der Höhle« nach. Dort wohnte Stefan Lochner, der Schöpfer des berühmtesten Kölner Gemäldes *Die Muttergottes in der Rosenlaube* (um 1440–42), das im Wallraf-Richartz-Museum zu sehen ist. Im Haus In der Höhle Nr. 14 wohnte 1848 Friedrich Engels. Einen Erweiterungsbau des Museums auf einem gegenüberliegenden

Bezauberndes Mittelalter: Stefan Lochners Muttergottes in der Rosenlaube (um 1440–42) im Wallraf-Richartz-Museum

Grundstück der Martinstraße entwarf das Architekturbüro Christ & Gantenbein 2013; er soll 2026 eröffnet werden.

Der **Alter Markt** (I G3; das Adjektiv »Alter« wird hier nicht flektiert) war ursprünglich mit dem Heumarkt verbunden. Dort erinnert der **Jan-van-Werth-Brunnen** (1884) von Wilhelm Albermann an den Reitergeneral des Dreißigjährigen Krieges Johann von Werth (1591–1652). Das nach dem Krieg rekonstruierte Doppelhaus **»Zum Dorn« / »Zur Brezel«** (Nr. 20–22) errichtete der Steinmetz Benedikt von Schwelm 1580. Es bietet einen reizvollen Dreiklang aus Bogenfenstern im EG, darüber vier strenger gestalteten Obergeschossen und zwei beschwingten Volutengiebeln. Das benachbarte **Haus »Em Hanen«** (Nr. 24) erbauten Hans Schilling und Hans Spiertz 1957/58. Über dem Fenster des obersten Geschosses hängt die Figur des »Kallendressers« (Dachrinnenscheißers) von Ewald Mataré (um 1960) als Verweis auf sanitäre Verhältnisse früherer Zeiten.

♦ **Groß-St. Martin** (I G3): Der gewaltige Turm des Baus aus dem 12./13. Jahrhundert ist ein prägendes Element der Kölner Stadtsilhouette. Vorgängerbauten sind nicht zu datieren. Sie entstanden auf einer ursprünglichen Rheininsel unter Verwendung der Mauern römischer Lagerhallen des 2. Jh.s. Erzbischof Bruno (953–965) gründete hier ein Herrenstift. Nach einem Stadtbrand wurde 1150–1250 der Neubau errichtet. Zunächst entstand ein Trikonchos (Kleeblattchor), nach einem erneuten Brand 1185 und Planänderungen errichtete man einen Vierungsturm mit oktogonalen Flankentürmchen, verlängerte das Langhaus nach Westen und versah 1225 das Mittelschiff mit einem Triforium und einem Kreuzrippengewölbe. Das durch einen Sturm zerstörte viergiebelige Turmdach wurde um 1450/60 durch einen gotischen Knickhelm ersetzt. 1868–86 schuf August Essenwein historistische Wandmalereien und **Bodenmosaike** in der Vierung, von denen Reste 1982 in einen neuen Bodenbelag von Margot und Joachim Schürmann integriert wurden. Die Kirche erlitt schwerste Kriegsbeschädigungen – die oberen Teile des Trikonchos und die Flankentürme waren vernichtet, vom Vierungsturm stand nur noch ein Stumpf. Sie wurde von Hubert Molis und ab 1961 von Joachim Schürmann rekonstruiert und erst 1985 wiedereröffnet. Die **Konchen** des Ostteils umgibt außen eine zweigeschossige Gliederung mit Blendbögen, darüber folgen ein Plattenfries und eine Zwerggalerie. Das **Westportal**, auch Löwenportal genannt, ist in eine Nische mit Spitzbogen eingefügt; zwei Löwen tragen den vorderen Archivoltenwulst. Das **Mittelschiff** öffnet sich mit weiten Arkaden zu den Seitenschiffen, darüber folgen ein begehbares Triforium und der Obergaden mit Rundbogenfenstern. Die **Konchen** des Ostteils weisen im EG sieben Rundbogennischen auf, darüber liegt das OG mit einem Laufgang hinter sehr schlanken Säulen. Unter dem Trikonchos liegt die **Unterkirche** mit römischen und romanischen archäologischen Funden; sie ist vom nördlichen Seitenschiff aus zu erreichen. Joachim Schürmann gestaltete sie 1977–85 mit zehn Stahlbetonstützen. Im nördlichen Seitenschiff steht ein romanisches **Taufbecken** (um 1200), dessen Deckel Karl Matthäus Winter 1985 schuf. Drei Ausstattungsstücke werden der Werkstatt des Tilman van der Burch (16. Jh.) zugeschrieben: eine **Kreuzigungsgruppe** und eine **Grablegungsgruppe** neben dem Taufstein, im südlichen Seitenschiff ein **Schmerzensmann**. Das sog. **Dreikönigstryptichon** (um 1530) aus der Werkstatt von Bartel Bruyn d. Ä. hängt im nördlichen Seitenschiff. Der schlichte **Vierungsaltar** aus Stein und der zwölfflammige Radleuchter aus Edelstahl darüber wurden um 1985 von Joachim Schürmann entworfen. Für das Langhaus und die Konchen gestaltete Hermann Gottfried einen **Fensterzyklus**, der noch nicht vollständig eingesetzt worden ist; in der Ostkonche sind bereits Darstellungen des hl. Martin (1986) zu sehen.

Das bei Touristen beliebte **Martinsviertel** (I G3–4) gilt als eigentliche Kölner Altstadt, wenngleich es nur einen kleinen Teil des Stadtteils Altstadt-Nord umfasst: die Umgebung der Kirche Groß-St. Martin und das Quartier, das im Osten an den Rhein und im Westen an die Plätze Heumarkt und Alter Markt grenzt. In den 1920er Jahren war es ein Vergnügungsviertel, mit Bordellen sozial und von der Bebauung her verelendet, es herrschten katastrophale hygienische Zustände. Eine schon in der Weimarer Republik geplante Sanierung nahmen die Nationalsozialisten in Angriff und verfolgten dabei auch ideologische Ziele, etwa die Entfernung »asozialer Elemente« oder auch die Schaffung einer pseudohistorischen »mittelalterlichen« Ästhetik, die für die einstige Bedeutung Kölns stehen sollte. Über hundert Häuser wurden abgebrochen oder umgebaut, und es entstanden an der traditionellen Bauweise orientierte Neubauten. Die Kleinteiligkeit des Mittelalters blieb erhalten, zwei neue Plätze wurden geschaffen: der Eisenmarkt (1936) und der Ostermannplatz (um 1938). Auf Letzterem steht der **Ostermannbrunnen** (1938) mit Relieffiguren von Jakob Klein. Nach schweren Kriegszerstörungen baute man das Martinsviertel in etwa gemäß dem Zustand vor dem Krieg wieder auf. Das um 1620 erbaute **Haus Delft** (Frankenwerft 27) mit einem Zinnenkranz und einem Kern aus dem 16. Jh. wurde 1937 vollständig entkernt. Das Haus **»Im Walfisch«** (1626) versetzte man 1936 von der Tipsgasse 4 in die Salzgasse 13, das Haus **»Zum Seil«** (Lintgasse 5, 1643) wurde nach dem Krieg wiederaufgebaut. Am Haus Buttermarkt 27–29 / Ecke Salzgasse ist eine Plastik des »Drachentöters« Siegfried in martialischem nationalsozialistischem Stil angebracht. An den Häusern **Salzgasse 2, Lintgasse 22 und Markmannsgasse 13** sind »Grinköpfe« zu sehen, Fratzen, unter denen einst Hebebalken angebracht waren. 1970–78 schufen Joachim und Margot Schürmann neben der wiedererrichteten Kirche Groß-St. Martin das **Wohn-**

quartier im Martinsviertel: drei sechsgeschossige Flügel, deren schmale Giebelhäuser und schiefergedeckte Walmdächer auf traditionelle Kölner Altstadtbauten Bezug nehmen. Mit zurücktretenden Zwischenbauten, Balkonen und Vorbauten sind die Häuser plastisch durchformt.

Der **Heumarkt** (I G3–4) war im Mittelalter ein bedeutender Umschlagplatz für Güter der Rheinschifffahrt. Durch die Schaffung der schon im Nationalsozialismus begonnenen Ost-West-Achse vom Heumarkt bis zum Rudolfplatz wurde er durchschnitten. So entstanden ein größerer nördlicher und ein kleinerer südlicher Teil, der heute nur noch eine Verkehrsfläche ist. Im Zweiten Weltkrieg erlitten seine Bauten schwere Zerstörungen. Vereinfacht wiederaufgebaut wurden das Haus Heumarkt 6, heute die Brauerei zur Malzmühle, und das Brauhaus Päffgen (Nr. 62), ein Rokokohaus aus dem Jahr 1776. Haus Nr. 25 zeigt noch bauliche Reste des Entstehungsjahrs 1757, das Portal von Haus Nr. 48 stammt von 1690. Das **Haus »Zum St. Peter«** (Nr. 77) ist wie das Doppelhaus »Zur Brezel« / »Zum Dorn« (Alter Markt 20/22, s. S. 60) ein letzter Abglanz charakteristischer Kölner Wohn- und Handelshäuser der Renaissance. Der prächtige, 1568 errichtete Bau des Ratsherrn Peter Therlaen van Lennep zeigt die typische funktionale Aufteilung des Hauses eines wohlhabenden Kaufmanns: Das hohe, zweigeteilte EG für die geschäftlichen Zwecke enthält ein eingehängtes Zwischengeschoss, das 1. OG mit den besonders hohen Fenstern barg einen repräsentativ gestalteten Saal, und die Stockwerke darüber dienten als Warenlager. Die Fassade zum Seidenmachergässchen ist schlichter gestaltet; beide Putzfassaden werden von Volutengiebeln gekrönt und haben werksteingerahmte Kreuzstockfenster mit Korbbögen. Das Haus wurde nach Kriegszerstörungen rekonstruiert. Das **Königsdenkmal**, ein Reiterdenkmal für König Friedrich Wilhelm III., schuf Gustav Bläser 1872–78; nach Kriegsschäden wurde es

1986–90 rekonstruiert. Auf dem Sockel stehen Skulpturen bedeutender Persönlichkeiten Preußens und des Rheinlands. Das **Maritim Hotel** (Nr. 20), 1987–89 vom Büro Kraemer Sieverts & Partner in Zusammenarbeit mit Gottfried Böhm erbaut, schafft eine Verbindung von Rheinufer und Altstadt. Eine Glashalle wird von zwei langen, tuffsteinverkleideten Riegeln gesäumt, in denen das Hotel untergebracht ist. Vom Rheinufer gelangt man über eine Brücke in die dreischiffige, öffentlich zugängliche Halle mit Läden und Gastronomie und kann sie durchqueren, um zum Heumarkt zu kommen. Ein Rundbau mit einem Dachrestaurant und ein kleiner Treppenturm schließen sich zur Rheinseite an den Hotelbau an, dessen Fassaden mit Spitzgiebeln einen Bezug zur Altstadt herstellen.

Der **Gürzenich** (I G4) ist der bedeutendste Kölner Profanbau des Mittelalters und bietet zugleich beeindruckende Architektur der Nachkriegszeit. Johann von Bueren errichtete den gotischen Bau 1441–47 im Stil eines Patrizierhauses von gewaltiger Größe. Der Trachyt- und Tuffsteinquaderbau präsentiert sich mit Zinnenkranz, polygonalen Eckwarten und Kreuzstockfenstern, die Front an der Martinstraße zeigt Standbilder der Stadtpatrone Agrippa und Marsilius. Der Gürzenich war ursprünglich ein Festhaus, in dem im 14. und 15. Jh. auch Empfänge für deutsche Kaiser stattfanden; 1505 wurde hier ein Reichstag abgehalten. Später nutzte man den Bau als Lager- und Kaufhaus. Seit dem 19. Jh. dient er als Veranstaltungsort, u. a. für Karnevalssitzungen. Der Zweite Weltkrieg vernichtete den Bau bis auf die Außenmauern. Rudolf Schwarz und Karl Band besorgten den Wiederaufbau und verknüpften den Gürzenich auf überzeugende Weise mit der Ruine von Alt-St. Alban, einer der ältesten mittelalterlichen Pfarrkirchen der Stadt. 1952–55 entstand ein Neubautrakt mit Rasterfassaden und Buntglasfenstern. Die Eingangstüren schuf 1956 Ewald Mataré. Das Foyer mit einer Galerie auf schlanken Stützen strahlt

Leichtigkeit und Eleganz aus, zarte Lampen erleuchten die Wandelhalle. Die Decke des Festsaals gestaltete Ludwig Gies, die Glasfenster mit einer auch von außen wahrnehmbaren Komposition mit fallenden Blättern (1955) stammen von Wilhelm Teuwen. Kraemer, Sieverts & Partner errichteten 1996/97 vor der Südfassade einen gläsernen Aufzugsturm.

Alt-St. Alban: Nach starker Kriegszerstörung wurde die Ruine in den Gürzenich integriert. Seit 1959 ist sie Gedenkstätte für die Opfer der Weltkriege und der nationalsozialistischen Gewaltherrschaft. Für diesen Zweck entstanden Kopien der Skulptur *Trauernde Eltern* (1931) von Käthe Kollwitz, 1953 geschaffen von Joseph Beuys (Vater) und Erwin Heerich (Mutter). Einzelne Ausstattungsstücke der einstigen Kirche befinden sich heute in Neu-St. Alban (s. S. 129).

Die **Deutzer Brücke** (I G4) zwischen Heumarkt und Deutz wurde 1947/48 von Fritz Leonhardt und Gerd Lohmer errichtet, als Nachfolgerin der 1915 erbauten und 1945 zusammengebrochenen Hindenburgbrücke, auf deren Pfeilern sie ruht. Die Brücke ist die weltweit erste Stahlkastenträgerbrücke, eine radikal reduzierte und mit ihren drei sanften Schwüngen höchst elegante Konstruktion. 1978 wurde sie um eine Spannbetonkonstruktion erweitert.

Klein-St. Martin (I G4): Nur der Turm der 1140 erstmals erwähnten Martinskirche ist erhalten. Wohl in der zweite Hälfte des 15. Jh.s wurde sie erweitert und erhielt einen neuen Westturm. Nach ihrer Schließung im Rahmen der Säkularisation 1802 riss man die baufällige Kirche ab, ließ aber den Turm stehen, denn er diente seit 1837 als Glockenturm für die benachbarte Stiftskirche St. Maria im Kapitol, deren Glockenturm eingestürzt war. Der spätgotische Bau mit Spitzbogenfenstern in seinem Unterbau aus Quadermauerwerk zeigt in den beiden obersten Geschossen romanische Stilelemente: Lisenen, rundbogige Zwillingsfenster und Bogenfriese. Nach Zerstörungen im Zweiten Weltkrieg wurde der gotische Knickhelm durch ein Pyramidendach ersetzt, für dessen Spitze Elmar Hillebrand 1953 eine Wetterfahne mit dem seinen Mantel teilenden hl. Martin von Tours schuf. Das unter Straßenniveau liegende UG gestaltete Wilhelm Hartmann 1954 als Andachtskapelle; hier ist eine steinerne Skulptur der Muttergottes aus dem 15. Jh. aufgestellt. Das Bronzeportal der Kapelle (1963) stammt von Herbert Calleen.

Galeria Kaufhof (Hohe Str. 41–53, I F4): 1912–14 errichtete Wilhelm Kreis für Leonhard Tietz dieses gewaltige neoklassizistische Warenhaus. Risalite und Kolossalpfeiler akzentuieren Vertikalität, die Reihung von Rundfenstern im 3. OG setzt Horizontalität dagegen. Hier wurden 1925 die ersten Rolltreppen in einem deutschen Kaufhaus installiert. Die Nationalsozialisten enteigneten 1933 die jüdische Familie Tietz, fortan firmierte das Warenhaus unter dem Namen »Westdeutsche Kaufhof AG, vorm. Leonhard Tietz«; 1936 wurde der Namenszusatz gestrichen. 1956/57 erweiterten Hermann Wunderlich und Reinhold Klüser das Kaufhaus in der Cäcilienstr. 2. Bestechende Klarheit prägt den Neubau mit seiner leicht wirkenden Rasterfassade, die von der Architektur Ludwig Mies van der Rohes beeinflusst ist. Das **Parkhaus** daneben, 1956/57 von denselben Architekten gestaltet, zeigt offen seine Konstruktion. Die kantigen Geschosse mit filigranen Geländern münden in den Schwung einer spindelförmigen Rampe.

Parkhaus und Hotel am Augustinerplatz (Hohe Str. 30 / Ecke Cäcilienstraße, I F4) sind baulicher Ausdruck der nach dem Krieg aufkommenden Vorstellung einer »autogerechten Stadt«. Direkt neben dem Parkhaus stand dem per Auto Anreisenden ein Hotel zur Verfügung, und vor dem Parkhaus war ursprünglich eine Tankstelle platziert. Der klar-elegante Bau des Parkhauses mit seinen Fensterbändern kontrastiert reizvoll mit der Schmalseite des Hotels mit seinen bunten Balkonen. Beide Bauten entstanden 1957 nach Plänen von Ernst Nolte.

Palatium (Schildergasse 1–9, I F4): Drei Straßen umgeben das 1911/12 von Wilhelm Kreis auf einem dreieckigen Grundstück errichtete neoklassizistische Geschäftshaus, dessen Name (lat. für »Palast«) auf ein mittelalterliches Gebäude zurückgeht. Über EG und 1. OG mit großen Fensterflächen erheben sich zwei weitere Geschosse mit schmalen Zwillingsfenstern und kolossalen Halbsäulen. Rundtürme mit flachen Kuppeln betonen Ost- und Westecke des markanten Baus.

Antoniterkirche (I F4): Die frühere Klosterkirche der Antoniter-Chorherren, eine dreischiffige gotische Basilika mit polygonalem Chor ohne Querschiff und Turm, entstand etwa zwischen 1350 und 1380. Nach der Säkularisation wurde sie 1802 den Kölner Protestanten als Predigtstätte überlassen und 1805 als erstes evangelisches Gotteshaus Kölns geweiht. Nach Zerstörungen 1942 erfolgte bis 1952 der Wiederaufbau durch Georg Eberlein. Den **Westvorbau** errichtete 1961–64 Heinrich Otto Vogel. Das **Bronzeportal** *Aussendung der Jünger* im Westen schuf Ulrich Henn 1964. Das schlichte Erscheinungsbild des Gotteshauses zeigt den Stil einer Bettelordenskirche (vgl. die Minoritenkirche, s. S. 69). Statt eines Westturms ziert die Kirche ein einfacher Dachreiter. Kraftvolle Strebepfeiler konturieren das Langhaus, das im Osten von einem fünfseitigen **Chorhaupt** und einem kleinen **Nebenchor** abgeschlossen wird. Das Maßwerk von Mittel- und Seitenschiffen ist das Ergebnis einer neogotischen Restaurierung (1896). Das romanische **Taufbecken** mit Köpfen und Fabelwesen stammt aus dem 12. Jh. In das Hauptchorfenster ist mittig ein farbiges **Glasgemälde der Kreuzigung** (Anfang 16. Jh.) eingesetzt. Im Nebenchor hängt ein Zweitguss der 1927 von Ernst Barlach für den Güstrower Dom geschaffenen Bronzeplastik **Schwebender**, die die Gesichtszüge von Käthe Kollwitz zeigt. Weitere

Plastiken Barlachs sind *Kruzifix II* (1918) und der *Lehrende Christus* (1931) im südlichen Seitenschiff.

Seit 2020 steht gegenüber der Südfassade der Antoniterkirche das **Antoniterquartier**. Der sechsgeschossige Bau mit markanten trapezförmigen Glasflächen im EG wurde nach Plänen des Büros trint + kreuder d.n.a. neben dem Weltstadthaus (s. S. 75) errichtet. Er beherbergt neben dem Citykirchenzentrum mit zwei Veranstaltungssälen auch Wohnungen, Gastronomie und Handel. Vom Antoniterkirchplatz führt ein Durchgang zu einem Innenhof, den das Gebäude umschließt und von dem man über einen weiteren Durchgang zur Antoniterstraße gelangt. Bei den Bauarbeiten entdeckte man Fundamente eines römischen Großbaus von 20 × 9 m aus dem 2. Jh., der als älteste nachweisbare Bibliothek Deutschlands gesehen wird.

Zwischen WDR-Funkhaus und Dischhaus

WDR-Funkhaus Wallrafplatz (I F3): Das sechsgeschossige Gebäude wurde 1948–52 nach einem Entwurf von Peter Friedrich Schneider erbaut. Mit der klaren Gestaltung, der hellen Travertinverkleidung, dem Flachdach, der Fensterreihung und dem zurückgesetzten DG steht es in der Tradition der Neuen Sachlichkeit. Das holzgetäfelte Foyer mit den Schwüngen von Treppe und Wand akzentuierte damals einen gegenüber der nationalsozialistischen Formgebung entschieden neuen Stil. Den Haupteingang im verglasten EG flankieren abstrakte Reliefs von Ludwig Gies. Die Glasfenster des Treppenhauses stammen von Georg Meistermann. Der Große Sendesaal bietet 650 Plätze und ist eine bedeutende Musikstätte Kölns.

Museum für Angewandte Kunst (I F3): Hier stand bis 1855 das Minoritenkloster. Es wurde bis 1861 gegen einen neogotischen Bau für das Wallraf-Richartz-Museum ersetzt. Nachdem dieser im Zweiten Weltkrieg zerstört worden war, schufen Josef Bernard und Rudolf Schwarz 1953–57 einen modernen Ersatz. Das Wallraf-Richartz-Museum zog 1986 aus, seit 1989 beherbergt der Bau das Museum für Angewandte Kunst (zur Sammlung s. S. 181). Die U-förmige Anlage nimmt den Grundriss des Klosterbaus auf, von dessen Kreuzgang im Westflügel noch gotische Fenster erhalten sind. Die sechs parallel zur Minoritenkirche liegenden Baukörper mit Satteldächern zeigen schlicht-klare Fassaden aus Ziegeln und Werkstein. Backsteinvorlagen gliedern die Eingangsseite, Spitzgiebel intonieren eine traditionelle Formensprache und stellen einen Bezug zur Westfassade der Minoritenkirche her. Im Innern öffnet sich eine weite Eingangshalle. Den *Stefan-Lochner-Brunnen* im Innenhof gestaltete 1956 Ewald Mataré. Die vor dem Museum platzierten Skulpturen der Gründer des Wallraf-Richartz-Museums, Ferdinand Franz Wallraf und Johann Heinrich Richartz, schuf Wilhelm Albermann 1900.

Minoritenkirche (St. Mariä Empfängnis) (I F3): Die Minoriten sind ein Zweig des Franziskanerordens, der »Orden der Minderen Brüder«. Auch heute gibt es in Köln einen Orden der Franziskaner-Minoriten. 1229 ließen sich Franziskaner in Köln nieder, und 1245, also drei Jahre vor Beginn der Arbeiten am Dom, errichteten sie den Chor ihrer Klosterkirche, des ersten gotischen Sakralbaus in Köln. Im 14. Jh. waren Langhaus und Westfassade abgeschlossen. Nach schweren Kriegsbeschädigungen rekonstruierte Albert Weiss den Bau bis 1958. Die Minoritenkirche ist eine dreischiffige gotische Basilika mit einem fünfseitig schließenden Langchor und im Norden angefügter Sakristei. Der Verzicht auf ein Querschiff, der Dachreiter statt eines Turms, die Klarheit und Schlichtheit der Architektur verweisen auf die Verpflichtung zur Armut, die für einen Bettelorden wie den der Franziskaner gilt (vgl. die Antoniterkirche, s. S. 67). Ungewöhnlich für eine Minoritenkirche ist allerdings das offene Strebewerk des Langhauses, das an den Dom erinnert. Die **Westfassade** wird von einem achtbahnigen Maßwerkfenster von Franz Pauli (1967) dominiert, in dem die mit Maria gleichgesetzte Frau aus der Offenbarung des Johannes dargestellt ist. Die Wände des **Mittelschiffs** erheben sich über spitzbogigen Arkaden, die auf mit vier Dreiviertelsäulen besetzten Rundpfeilern ruhen. Der Obergaden ist durch spitzbogige Maßwerkfenster geöffnet. Am südwestlichen Mittelschiffspfeiler ist eine **Wandbemalung** aus dem 14. Jh. mit einer Kreuzigung zu sehen. Die **hohen Chorfenster** mit Szenen aus dem Marienleben schuf Helmut Kaldenhoff 1963. Darunter ist das **Alfelder Retabel** aufgestellt, ein dreiteiliger Marienaltar (um 1480). Über dem Hauptaltar hängt ein 4,50 m hohes **gläsernes Kruzifix** von Thomas Kesseler (2009/10). Die Vorderseite zeigt den leidenden, die Rückseite den erlösten Christus. Im nördlichen Seitenschiff steht ein 1957 von Joseph Höntgesberg geschaffener **Sarkophag** für den seliggesprochenen schottischen Franziskaner-Theologen Johannes Duns Scotus (1265–1308), im südlichen Seitenschiff befindet sich ein **Grabmal** des 1991 seliggesprochenen Domvikars und »Gesellenvaters« Adolph Kolping (1813–1865). Das **Kolping-Denkmal** vor der Kirche (1903) stammt von Johann Baptist Schreiner.

♦ Die **Kolumba** (I F3) ist architektonisch und als Stätte von Kunstausstellungen ein herausragender Ort in Köln. Die auf einen ersten Bau des 9. Jh.s zurückgehende spätgotische Pfarrkirche St. Kolumba versank im Zweiten Weltkrieg bis auf ihre Außenmauern und einen Turmstumpf in Trümmern. Eine gotische Madonna (1460/70) überstand die Zerstörung. 1950 errichtete Gottfried Böhm in der Ruine die Kapelle **Madonna in den Trümmern**, an die er einen achteckigen Bau für die Madonnenfigur anschloss. 1954 schuf Ludwig Gies die Fenster mit Engelschören. 1956 entstand nach einem Entwurf Böhms zusätzlich die **Sakramentskapelle**. Peter Zumthor integrierte Böhms ersten Sakralbau 2003–07 in den Neubau des Diözesanmuseums Kolumba, des Kunstmuseums des Erzbistums Köln (s. S. 180). Das Museum besteht aus Kuben verschiedener Höhe mit einem turmartigen Bau an der Ecke Kolumba-/Brückenstraße. Heller Backstein kontrastiert mit den Resten der mittelalterlichen Kirchenruine aus Basalt-, Tuff- und Ziegelstein. Fenster unterschiedlicher Formate und durchbrochene Wandflächen verleihen dem Bau eine raffiniert ausgewogene Ausstrahlung. Hinter dem lichtdurchlässig aufgebrochenen Mauerwerk liegt ein archäologisches Feld mit Resten der Vorgängerbauten der Kirche. Die 17 Innenräume variieren zwischen intimen, dunklen Kabinetten, hellen Sälen und besonders hohen Räumen. Ein

Subtile Architektur: die Kolumba, das Kunstmuseum des Erzbistums Köln

stiller Innenhof liegt auf dem Gelände des einstigen mittelalterlichen Friedhofs. Hinter der Kolumba ist die Granitskulptur *Tempel* (1988) von Ulrich Rückriem aufgestellt. In der ehem. Sakristei der Kirche, im Freien, steht die 1992 von Richard Serra geschaffene Stahlskulptur *The Drowned and the Saved* (»Die Untergegangenen und die Geretteten«).

◆ **Dischhaus** (I F3): Das sechsgeschossige Gebäude, das sich mit eleganter Kurvigkeit um die Ecke Brücken-/Herzogstraße schmiegt, ist ein hervorragendes Beispiel für die Architektur der Neuen Sachlichkeit in Köln. Es entstand 1928–30 nach Plänen von Bruno Paul und Franz Weber. Fensterbänder wechseln mit Travertinbahnen, ein vertikales Treppenhaus und ein horizontaler Erker setzen raffiniert Gegengewichte zum mitreißenden Schwung der Fassade. Das Innere des Geschäfts- und Bürohauses birgt ein spiralförmiges Treppenhaus und einen noch funktionierenden Paternoster.

Zwischen Tunisstraße und Hohenzollernring

◆ Das **Haus Wefers** (Komödienstr. 97, I F2) wurde 1956/57 nach Plänen von Karl Band erbaut und ist ein hervorragendes Beispiel für die ästhetische Kreativität der Architektur dieser Zeit. Die drei Fassaden des Wohn- und Geschäftshauses bieten Abwechslung: Die Ziegelwand an der Burgmauer ist weitgehend geschlossen, ein apart verkleideter Balkon ragt heraus. Die Fassade zum Dom ist großflächig verglast und ebenfalls mit auffälligen Balkonen bestückt. Zur Komödienstraße hin verstärkt sich eine Kante aus Basaltlava und endet vor den beiden Untergeschossen mit einer kühnen Spreizung. Die Nordseite an der Cäcilienstraße zeigt ein lebhaftes Raster aus Fenstern und Waschbetonelementen. Siegfried Erdmann schuf 1958 aus Backsteininkrustationen ein Bild der Hll. Drei Könige. Seit der Erbauung besteht

Ästhetische Raffinesse der 1950er Jahre: das Haus Wefers

in dem Gebäude ein Laden für liturgische Bekleidung und Geräte, dessen originale Ausstattung mit einer Empore, Vitrinen und einer geschwungenen Treppe erhalten ist.

WDR-Arkaden (I F2): Der Arkadencharakter der unteren Geschosse gab dem 1991–96 nach Plänen von Gottfried und Peter Böhm errichteten Bau seinen Namen. Entschieden innovativ war dieses Gebäude mit seinen rötlichen Stützen, der lebhaft-eleganten Fassade an der Tunisstraße und vor allem mit den dekonstruktivistisch übereinandergetürmten Containern an der Ecke Tunis- / Breite Straße. Der Bau beherbergt neben den Geschäften und Restaurants im EG Produktionsbüros des WDR.

4711-Haus (Mülhens-Stammhaus) (I F2): Seit 1799 vertrieb Wilhelm Mülhens in der Glockengasse mit der Hausnummer 4711 (später Nr. 12) das Duftwasser »4711«. Johann Jacob Claassen errichtete 1852–54 für die Firma mit diesem ungewöhnlichen neogotischen Bauwerk mit Anklängen an den Gürzenich (s. S. 64) ein neues Geschäftshaus. Das EG gestaltete er mit Arkaden, die Fassaden des 2. und des 3. OGs sind von einer rechteckigen Maßwerkstruktur überzogen, in die große Kreuzstockfenster eingepasst sind. Das oberste Geschoss der vier Eckrisalite zieren erkerartige Ecktürmchen, die dem Bau eine burgartige Ausstrahlung verleihen. Errichtet wurde dieser Bau in der Glockengasse 26–28, doch nach seiner Zerstörung im Zweiten Weltkrieg rekonstruierten Wilhelm Koep und sein Sohn Rudolf ihn in der Glockengasse 4.

Mit dem **Opern- und Schauspielhaus** (I F2) entstand am nach dem Komponisten Jacques Offenbach (1819–1880) benannten Platz nach dem Krieg ein Gebäudeensemble, das einen deutlichen baulichen und kulturellen Akzent setzte. Das 1902 eröffnete Opernhaus am Habsburgerring wurde, obwohl im Krieg nur leicht beschädigt, abgerissen. Das neue, monumentale und eigenwillige **Opernhaus** wurde 1952–57 nach Plänen von Wilhelm Riphahn und Hans Menne errichtet. Der Eingangsbau präsentiert sich streng und zugleich einladend mit fünf gebäudehoch verglasten Eingängen. Über dem Foyer erhebt sich der polygonale obere Teil des Zuschauerraums, und dahinter baut sich das Bühnenhaus auf. Es wird von zwei pylonenhaften Werkstattgebäuden flankiert, deren schräge Außenfassaden mit ihren Fenstern wie moderne Wohnbauten anmuten. Eine markante Besonderheit des Zuschauerraums sind die aus der Wand ragenden, Schlitten ähnelnden Balkone der Ränge. Das **Schauspielhaus** daneben errichtete Riphahn 1959–62: einen trapezförmigen, mit roter Keramik verblendeten Bau mit einem hellen Bühnenturm. Seit 2012 und bis voraussichtlich 2024 wird der Theaterkomplex von HPP Architekten denkmalgerecht saniert. Auf dem Fundament des ehem. Theaterrestaurants Ecke Tunis-/Brüderstraße entstand das **»Kleine Haus«**, das 2016 vorläufig eröffnet wurde. Der Opernbetrieb ist vorübergehend im Staatenhaus am Rheinpark (s. S. 163) untergebracht, provisorische Spielstätte des Theaters ist das Carlswerk (Schanzenstr. 6–20).

Vor dem Opernhaus steht der 1966 von Hansjürgen Grümmer geschaffene **Opernbrunnen**, vor dem Schauspielhaus die Bronzeskulptur ***Sappho*** (1887/1925) von Antoine Bourdelle.

Das **Weltstadthaus** (I F4) – ihren größten Kaufhäusern hat die Textilkette Peek & Cloppenburg diese pompöse Bezeichnung gegeben – schuf Renzo Piano 1999–2005: einen ungewöhnlichen und kühn in seine Umgebung gesetzten Bau. Eine Natursteinfassade zieht sich die Antonsgasse entlang. Der Teil zwischen Schildergasse und Cäcilienstraße ist ein organoid geschwungener, fünfgeschossiger Stahlbetonbau mit einer Glashülle, deren Träger Zugbänder aus Stahl und 66 gebogene Leimholzbinder sind. Der 160 m lange Baukörper erinnert an ein gewaltiges Tier. Es leuchtet ein, dass die Kölner ihn »Walfisch« nennen.

St. Maria in der Kupfergasse (I E3): Aus den Niederlanden vertriebene Unbeschuhte Karmeliterinnen gründeten in Köln 1660–66 ein Kloster. 1673–75 wurde eine Loreto-Kapelle errichtet, eine verkleinerte Nachbildung der Kapelle in dem Wallfahrtsort Loreto bei Ancona, die als »santa casa«, »heiliges Haus«, für das Elternhaus Jesu in Nazareth steht. 1705–15 umbaute man diese Kapelle mit einer einschiffigen Saalkirche, einem der wenigen sakralen Barockbauten in Köln. Den niederländisch beeinflussten Backsteinbau mit Dachreiter gliedern Strebepfeiler, zwischen die hohe Rundbogenfenster gesetzt sind. 1873 wurde die Kirche um ein Seitenschiff erweitert. Von eleganter Vertikalität ist die Nordfassade mit einer von Voluten flankierten Ädikula und zwei Figurennischen mit den hll. Theresia und Ursula. Die Kirche wurde im Krieg stark zerstört, 1952–67 durch Karl Band wiederaufgebaut. Die unter der Orgelempore in die Kirche hineinragende Kapelle mit dem Gnadenbild der als Wundertäterin verehrten »Schwarzen Muttergottes«, das die Ordensfrauen im 17. Jh. nach Köln brachten, ist eine vereinfachte Rekonstruktion.

Vierscheibenhaus des WDR (Appellhofplatz 1, I E8): Ursprünglich war für den WDR ein Hochhaus geplant, doch mit Rücksicht auf den Dom entschied man sich dann für die Pläne des Büros Hentrich, Petschnigg & Partner (HPP) und errichtete 1966–70 ein 165 m langes, elegantes Gebäude, das an der höchsten Stelle 33 m hoch ist. Es besteht aus vier gegeneinander versetzten Scheiben, die sich in der Mitte zu einem Fünftel der Gesamtlänge des Baus überlappen. Vorbild war das eben-

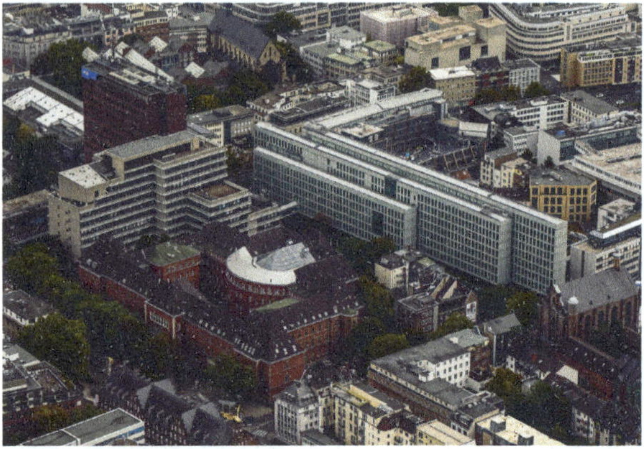

Das Justizgebäude am Appellhofplatz (im Vordergrund) und das Vierscheibenhaus des WDR

falls von HPP entworfene Dreischeibenhaus (1960) in Düsseldorf. Die aufgeständerten Scheiben sind zwischen sechs und neun Geschosse hoch. Bei einer Sanierung des Vierscheibenhauses 1999–2003 durch HPP wurde die Fassade aus Kalksteinplatten durch eine vorgehängte Glasfassade ersetzt.

Justizgebäude am Appellhofplatz (I E/F3): 1824–26 wurde hier der Rheinische Appellationsgerichtshof, ein Berufungsgericht, erbaut, daher stammt der Name Appellhofplatz. Das heutige Gebäude, ein Neu- und Erweiterungsbau, entstand 1883–93 nach Plänen von Rudolf Mönnich und Paul Thoemer. Nach einer Teilzerstörung im Zweiten Weltkrieg wurde es in vereinfachter Form wiedererrichtet. Heute beherbergt es das Verwaltungs- und das Finanzgericht. Der zweistufig hervortretende Mitteltrakt der Südfassade mit dem Portal aus den 1950er Jahren zeigt aber noch die neoromanische Stilgebung der Erbauungszeit. Der Lichthof ist mit einer repräsentativen Treppe ausgestattet, umgeben von Arkadengängen auf drei Geschossen.

EL-DE-Haus (I E3): Hans Erberich errichtete das neoklassizistische Gebäude 1934/35 für den katholischen Goldwaren- und Uhrengroßhändler Leopold Dahmen, von dessen Initialen die ungewöhnliche Bezeichnung des Hauses herrührt. An der Hausecke erinnert ein Doppelwappen an den Bauherrn: Es zeigt das Wappen Kölns, »EL-DE« und zwei Uhrenpendel mit den Initialen L und D. Noch bevor der Bau fertiggestellt war, zwangen die Nationalsozialisten Dahmen, ihn an die Gestapo zu vermieten, die dort 1935–45 ihren Sitz hatte. Im Keller entstanden zehn Zellen von 4–9 m^2 Größe für Verhöre, Folter und Morde. In eine dieser Zellen soll man bis zu 33 Häftlinge gezwungen haben. Wandinschriften der Inhaftierten zeugen von deren bewegenden Schicksalen. Der Bau war ursprünglich viergeschossig, nach dem Krieg wurde er um ein Geschoss erweitert. 1981 wurde in den Zellen eine Gedenkstätte eingerichtet und 1988 das NS-Dokumentationszentrum. Peter Kulka gestaltete das Gebäude 1992–97 selbst zum Ausstellungsobjekt um.

Zeughaus (I E3): 1594–1606 entstand nach Plänen von Peter von Blatzheim, Matthias von Gleen und Peter von Siberg das städtische Waffenarsenal. Hier war 1958–2021 das Kölnische Stadtmuseum untergebracht. Der langgestreckte Backsteinbau im Stil der niederländischen Spätrenaissance mit zwei Stufengiebeln und einem achteckigen Treppenturm steht mit seiner Südfassade auf der römischen Stadtmauer. In die Nordseite ist ein prächtiges Portal eingefügt, über dem ein Aufsatz (1595) von Peter Cronenborch zwischen zwei Obelisken eine Kartusche mit dem Wappen der Stadt Köln zeigt, das von einem Greif und einem Löwen flankiert wird. 1991 wurde die Plastik *Goldener Vogel* von HA Schult, ein goldfarbener Ford Fiesta mit Flügeln, auf dem Treppenturm installiert.

Die **Alte Wache am Zeughaus** (Zeughausstr. 3, I E3) ist das einzige erhaltene der einstmals drei preußischen Wachgebäude der Kölner Innenstadt. Erbaut wurde es 1840/41 nach Plänen des preußischen Ingenieurmajors Heinrich Ferdinand Schuberth. Der fünfachsige klassizistische Putzbau im Stil eines Palazzos der Florentinischen Renaissance verfügt über zwei Seitenrisaliten, die eine dreiachsige Loggia im EG flankieren. Das Gebäude war bis 2021 Teil des Stadtmuseums.

Daneben, an der Straße Burgmauer, ist ein Stück **römische Stadtmauer** von 50 n. Chr. erhalten.

Die **Römische Stadtmauer** entstand ab der zweiten Hälfte des 1. Jh.s n. Chr. und hatte bis zum Bau der mittelalterlichen Stadtmauer im 12. Jh. (s. S. 119) Bedeutung als Verteidigungsbauwerk. Sie war knapp 4 km lang, mit 19 Türmen und neun Toren ausgestattet und 9 m hoch. Die Mauern bestanden aus

einer Schale aus Grauwackesteinen und einem Kern aus *caementicium* (Zement) und bildeten ein unregelmäßiges, nahezu quadratisches Viereck.
Wer dem Verlauf der römischen Stadtmauer heute gegen den Uhrzeigersinn folgen würde, würde auf eine Reihe sehenswerter Relikte stoßen: Auf dem Roncalliplatz unweit des Doms findet man den 33 m langen Rest einer **römischen Hafenstraße** und daneben Überbleibsel eines **römischen Abwasserkanals** (s. S. 49). Auf der Domplatte finden sich die Reste des **Nordtors**, unter der Domplatte **römische Keller** (s. S. 47). Auf den **Lysolphturm** an der Kreuzung Tunis-/Komödienstraße folgen ein **Mauerrelikt** an der Straße Burgmauer (s. vorige Seite) sowie danach der **Römerturm** (I E3; s. o.) und an der **Ecke Helenen-/St.-Apern-Straße** der **Helenenturm.** Südlich des Helenenturms, in einer Wohnanlage zwischen dem Mauritiussteinweg und der Thieboldsgasse, erstreckt sich ein längerer Überrest der römischen Stadtmauer. Und dort, wo sich einst die südöstliche Ecke des römischen Mauervierecks befand, steht noch heute das **Ubiermonument** (II F7; s. S. 98).

Regierungspräsidium (Zeughausstr. 4, I E3): Matthias Biercher orientierte sich beim Bau des preußischen Regierungspräsidiums 1830–32 an Karl Friedrich Schinkel. Von dem klassizistischen Komplex ist nur der zweigeschossige, neunachsige Ostflügel mit einem mittigen Balkon erhalten. Für die heutige **Bezirksregierung Köln** entstand in den 50er Jahren daneben ein Gebäude mit mehreren Flügeln, und Anfang der 80er Jahre ergänzten Joachim und Margot Schürmann weitere Bauten.

Der **Römerturm** (I E3) wurde um 50 n. Chr. an der Nordwestecke der römischen Stadtmauer errichtet und ist deren am besten erhaltenes Relikt. Das etwa 5,50 m hohe Bauwerk aus

Grauwacke wurde mit einer mosaikartigen Ornamentik aus weißem Kalkstein und rotem Sandstein verblendet. Im Mittelalter diente der Turm dem Nonnenkloster St. Clara als Abort. Carl Moritz baute 1898/99 ein neogotisches Haus an. In dieser Zeit wurde der Zinnenkranz als Ersatz für die originale antike Zinnenkrone ergänzt.

Haus Albertusstraße 18 (I E3): Das fünfgeschossige, schmale Wohn- und Galeriehaus entstand 1972/73 nach einem Entwurf von Erich Schneider-Wessling. Die Ebenen sind halbgeschossig gegeneinander versetzt. Die Fassade zeigt durch unterschiedlich stark auskragende Erker eine lebhafte Plastizität. Bis 1992 war hier die Galerie von Rudolf Zwirner untergebracht, Mitbegründer des »Kunstmarkts Köln '67« mit damals 16 Galerien, der sich zur Art Cologne (ab 1984; heute über 200 Galerien) weiterentwickelte.

In der **Ehrenstraße** (I E3), der **Kettengasse** und der **Pfeilstraße** (II D3–4) findet sich eine Vielzahl von teils denkmalgeschützten Häusern aus der Zeit 1860–90.

Die **Buchhandlung König** (Ehrenstr. 4, I E3) wurde 1980/81 nach Plänen von Hubertus von Allwörden und Gerhard Balser erbaut. Der rote Backsteinbau besticht durch eine spannungsvolle Fassadengestaltung. In der eingezogenen Hausecke kontrastieren zwei verglaste Geschosse in der oberen Ecke mit zwei unten in die zurückweichende Ecke gesetzten Glasgeschossen. Ein Fensterband im 2. OG verbindet die beiden Fassaden optisch, und über den hohen Fenstern in der Albertusstraße liegt eine recht geschlossen wirkende Klinkerfassade. Auf der zurückgefalteten Hausecke ist die Plastik *Stürzende Bücher* (1986) von Julian Opie angebracht.

Fritz Thyssen Stiftung (Apostelnkloster 13–15, I E4): In dem dreiteiligen Gebäude hatte das Amerika Haus seinen Sitz, das nach dem Krieg wie das benachbarte britische Kulturinstitut auf eine Demokratisierung Deutschlands abzielte. Es wurde 1955 nach Plänen von Rudolf Schickmann errichtet. 2011 nahmen cheret bozic architekten eine Sanierung und eine teils unterirdische Erweiterung vor. Das Hauptgebäude bietet eine ungewöhnliche Fassade aus Travertin und Muschelkalk, die hinter einem Rahmen und filigranen Stützen zurücktritt. Durch eine Schiebetür aus Glas betritt man den Garten. Seit 2011 ist das Haus als Sitz der Fritz Thyssen Stiftung ein Ort des wissenschaftlichen Dialogs und eine Stätte von Kulturveranstaltungen.

St. Aposteln (I E4): Die dreischiffige Pfeilerbasilika mit ausladendem Westquerschiff, Westturm (im Volksmund »Apostelklotz«) und einem Dreikonchenchor mit Vierungsturm und Flankentürmen ist ein gewaltiger Kirchenbau von eindrucksvoller Präsenz und ein bedeutendes Zeugnis der romanischen Baukunst des Rheinlandes. Für 965 ist ein Vorgängerbau bezeugt, im 11. Jh. gründete hier der Kölner Erzbischof Pilgrim ein Kanonikerstift und veranlasste einen Kirchenneubau: eine doppelchörige Basilika mit Westquerhaus und Ostchor. Zwischen Mitte des 12. Jh.s und etwa 1230 erfolgte ein Umbau mit einem Turmbau im Westen und einem Kleeblattchor im Osten mit einem die Vierung krönenden Turm und zwei Flankentürmen. Mittelschiff, Seitenschiffe und Westquerschiff wurden eingewölbt. Diese Umgestaltung prägt das Erscheinungsbild der Kirche bis heute. Das geradezu dramatische Turmgebirge wird durch die Außenwände der Chorkonchen mit Rund- und Blendbögen, Zwerggalerien und Gesimse auf strenge und zugleich schwungvolle Weise zusammengehalten. Mit den Türmen und der zentralbauhaften Dreikonchenanlage, die von byzantinischen Kuppelkirchen beeinflusst sein dürfte, wirkt St. Aposteln insgesamt ein wenig byzantinisch. 1643/44 wurde der Apostelchor im Westbau aufgegeben, um hier einen neuen Eingang zu schaffen. Beim Wiederaufbau der Kirche 1948–75 rekonstruierte man das Äußere gemäß dem

Vorkriegszustand, während das Innere teilweise modern gestaltet wurde. Der Westturm ist 67 m hoch. Die Wände des **Mittelschiffs** zeigen noch Elemente des 11. wie des 13. Jh.s. Die vier westlichen der ursprünglich sechs salischen Arkaden des 11. Jh.s sind erhalten. Aus der staufischen Bauperiode dagegen stammen die vorgeblendete Wand mit den Pfeilervorlagen bis in Kapitellhöhe, der Rundbogenfries, das Blendtriforium darüber und die Rundbogenfenster des Obergadens. In den zweigeschossigen Wänden der drei die **Vierung** umgebenden **Konchen** sind je drei Muldennischen mit Blendbögen eingelassen, im Geschoss darüber liegen ebenfalls drei Nischen hinter einem Laufgang, der die Wand in zwei Schalen teilt. In der Vierung schuf Sepp Hürtgen 1975 eine **Altarinsel** mit einem bronzenen Baldachin nach dem Vorbild mittelalterlicher Leuchter. 1988–93 malte Hermann Gottfried die Gewölbe der drei Konchen mit Szenen aus der Offenbarung des Johannes aus. Hinter dem Hauptaltar stehen in einem Retabel (1987) von Paul Nagel zwölf **Apostelskulpturen** (um 1330).

Der **Neumarkt** (I E4), 1076 erstmals erwähnt, ist der größte innerstädtische Platz Kölns und ein Hauptverkehrsknotenpunkt. Im Lauf seiner Geschichte hatte er eine Vielzahl von Funktionen: Er war Turnierplatz, Viehmarkt, Richtplatz, militärischer Parade- und Exerzierplatz sowie Ort politischer Kundgebungen. Heute finden hier Open-Air-Veranstaltungen und ein Weihnachtsmarkt statt.

Richmodis-Haus (Neumarkt 8, I E4): An diesem Bau ist der Turm interessant, aus dessen oberstem Geschoss zwei Pferdeköpfe schauen. 1507 ließ der Kölner Patrizier Nicasius Hackeney hier ein palastartiges Anwesen mit einem 28 m hohen Turm als Statussymbol erbauen. Ab 1867 sind zwei Pferdeköpfe bezeugt, die auf die Richmodis-Sage aus der Zeit der Pest in Köln im 14. Jh. anspielen: Richmodis, die Frau eines Kölner Patriziers, starb an der Pest, erwachte aber von den Toten und klopfte an die Tür ihres Gatten. Der glaubte nicht, dass sie es sei, und meinte, eher würden seine Pferde den Turm hinaufklettern. Ein Nachfolgebau wurde 1928 abgerissen. 1928/29 errichtete Paul Bonatz das Gebäude mitsamt dem Turm neu. Nach schweren Kriegszerstörungen wurde dieser Bau wiederhergestellt, jedoch stark verändert. Die heutigen Pferdeköpfe gestaltete Wilhelm Müller-Maus 1958.

Von St. Andreas zum Gerling-Quartier

St. Andreas (I F2): Vorgängerbauten waren die 974 geweihte Kirche eines Chorherrenstiftes und ein Neubau des 11. Jh.s, von dem noch Relikte an der Ostwand der heutigen Unterkirche erhalten sind. Beginnend mit einem Umbau zwischen 1190 und 1220 entstand die heutige dreischiffige Basilika mit Langhaus und Vierungsturm. Den Westquerbau errichtete man bis 1245, um 1300 wurden Kapellen an die Seitenschiffe angebaut. 1414 bis in die 1420er Jahre ersetzte man den romanischen Chor durch einen gotischen mit Maßwerkfenstern, der südliche Querarm wurde Ende des 15. Jh.s gänzlich gotisiert, der nördliche nur im oberen Bereich. Die Kriegsschäden an der Kirche hielten sich im Rahmen, der Bau wurde bis 1956 wiederhergestellt. Seit 1947 ist er Dominikanerkirche. 1954/55 entstanden für den Konvent nach einem Entwurf von Karl Band Flachdachbauten an der Südseite. Romanische und gotische Stilemente fügen sich bei St. Andreas zu einer harmonischen Einheit. Durch ein Faltdach über gemauerten Giebeln wird der achteckige **Vierungsturm** abgeschlossen. Der **Westquerbau** mit seinem übergiebelten Risalit empfängt den Besucher in einer **Vorhalle** mit ungewöhnlichen, orientalisch wirkenden Gurtbögen. Der sog. **Blutbrunnen** (16. Jh.) in der Vorhalle soll der Ursula-Legende nach mit dem Blut der 11 000 die hl. Ursula begleitenden Jungfrauen gefüllt gewesen sein. Die Wände des **Mittelschiffs** sind in drei Zonen gegliedert: Über den Arkaden des EGs läuft ein Ranken- und Palmettenfries, die Zone darüber ist mit einem Nischentriforium gestaltet, die Obergadenfenster sind in Dreiergruppen gegliedert. Von kraftvoller Plastizität sind die kreuzförmigen Pfeiler mit ihren vielfach gestuften Sockeln und hinzugefügten Halb- und Dreiviertelsäulen. Der Schmuck von Fries, Kapitellen und Schlusssteinen (Pflanzen, Tiere und Fabeltiere) und der Konsolen des Chors (Engel und Propheten) ist qualitativ hochwertig. Im **nördlichen Seitenschiff** befinden sich das großflächige Fresko mit Szenen aus dem **Marienleben** (1325) und ein Fresko mit dem **hl. Christophorus**. In der westlichsten Kapelle der Südseite ist das **Tryptichon der Rosenkranzmadonna** (frühes 16. Jh.) zu sehen. Ein Gemälde im nördlichen Querarm mit der Darstellung des **Martyriums des hl. Andreas**, des Kirchenpatrons, schuf Bernard Fuckerad 1658–62. Im **Machabäer-Chor** stellte Markus Lüpertz in sieben **Farbfenstern** (2008) das Leiden der sieben Machabäer und ihrer Mutter Salome, jüdischer Märtyrer aus dem Alten Testament, dem Leidensweg Jesu gegenüber. Ein Auge eines der Märtyrer ist als gelber Davidstern dargestellt und verweist damit auf den Holocaust. Die Fenster umgeben den **Machabäerschrein** (1520–27) von Peter Hanemann mit den Reliquien der Märtyrer, einen Holzkasten mit Satteldach, der mit vergoldetem Messingblech verkleidet ist und Szenen des Martyriums der Machabäer und ihrer Mutter sowie aus der Passion Christi zeigt. Die auf erhaltenen Mauern des 11. Jh.s basierende **Krypta** gestaltete Karl Band 1953–55 mit schlanken Betonsäulen und flachen Lichtkuppeln neu. An die Krypta schließt sich die **Grapkapelle** mit einem römischen Sarkophag für die Gebeine von Albertus Magnus an, dem 1280 in Köln gestorbenen Universalgelehrten und Bischof, der 1931 heiliggesprochen wurde.

Das **ehem. Geschäftshaus Frank & Lehmann** (Unter Sachsenhausen 37, I F2), 1912/13 nach einem Entwurf von Peter Behrens errichtet, ist ein interessantes Gelenkwerk. Einerseits zeigt der viergeschossige Stahlskelettbau mit der Monumentalität eines Renaissancepalastes noch traditionelle Architekturelemente wie das bossierte EG, Kolossalpilaster und Eckrisalite. Andererseits weist die sachliche Fensterreihung, im 3. OG fast schon ein Fensterband, bereits in die Moderne.

Erzbischöfliches Haus (I E2): Die zweiflügelige Wohnstätte des Erzbischofs wurde ebenso wie das Erzbischöfliche Priesterseminar und die turmlose Kirche 1956–58 von Hans Schumacher und Willy Weyres errichtet. Die backsteinverkleideten Gebäude mit flachen Satteldächern und weiß gerahmten Fenstern umschließen zwei Innenhöfe. Auch das Historische Archiv des Erzbistums Köln mit einem achtgeschossigen Flachdachbau (Gereonstr. 2–4), dem Magazin, gehört zu dem Ensemble.

St. Gereon (I E2) ist ein ebenso imposantes wie komplexes ◆ Bauwerk. Ein erstes Gebäude war ein im 4. Jh. errichtetes und später zur Kirche umgewidmetes Mausoleum, ein überkuppelter Zentralbau über ovalem Grundriss mit acht Konchen, einer Ostapsis und einer Vorhalle sowie einem Atrium im Westen. Dieses Mausoleum, später romanisch ummantelt, ist das einzige erhaltene Bauwerk der Spätantike in Köln. Mit ihm ist eine Legende verknüpft: Die hl. Helena, die Mutter des römischen Kaisers Konstantin, habe den Bau zu Ehren Gereons veranlasst. Der Offizier Gereon und seine Soldaten hätten als Märtyrer den Tod gefunden, die Leichname habe man in einem Brunnen gefunden, auf dem die heutige Kirche stehen soll. Belegbar ist diese Erzählung nicht. Helena starb vor dem Mausoleumsbau, und jener Brunnen wurde bisher nicht gefunden. Für das Jahr 839 ist ein Herrenstift an der Kirche bezeugt. 1067–69 wurden ein Langchor und zwei Türme im Winkel zum Zentralbau errichtet. Der Chor erfuhr 1151–56 eine Erweiterung um eine von zwei Türmen flankierte Apsis. 1219–29 wurde der Zentralbau erhöht, ummantelt und zu einem Zehneck (Dekagon) umgestaltet und damit die bis heute höchst eindrucksvolle Ausstrahlung St. Gereons geschaffen. Die bautechnische Leistung war meisterlich. St. Gereon steht in einer Reihe mit der Kuppel der Hagia Sophia in Istanbul (532–537) und der Kuppel des Florentiner Doms von Filippo Brunelleschi (1418–34).

An die **Vorhalle** schließt sich die 1897/98 von Heinrich Krings erbaute wilhelminische **Pietà-Kapelle** an, in der eine Marmor-Pietà (1897) von Johann Reiss aufgestellt ist. Das **Dekagon**, der zentrale Baukörper der Kirche mit einem knapp 35 m hohen Scheitel, außen fünfgeschossig, enthält im viergeschossigen Innern bis zum Laufgang des 2. OGs das römische Kernmauerwerk. Über dem Sockelgeschoss liegt ein Emporen-

Das Dekagon von St. Gereon

geschoss hinter Dreibogenstaffeln und Zwillingsarkaden, dann folgen im 3. und 4. Geschoss Fächerfenster und spitzbogige Zwillingsfenster, die frühe Gotik anklingen lassen. 1980–87 schufen Georg Meistermann (Obergaden) und Wilhelm Buschulte (Konchen und Emporen) die Glasfenster des Zentralbaus, die Farbfassung der Kuppel stammt ebenfalls von Meistermann. Eine spätgotische **Mondsichelmadonna** (um 1430) im weichen Stil befindet sich an der Südseite des Dekagons, an die außen die **Taufkapelle** angebaut ist, die im sog. Zackenstil ausgemalt ist. In der dreischiffigen **Hallenkrypta** ist ein romanischer **Mosaikboden** (12. Jh., ursprünglich im Chor) zu sehen, der Szenen aus dem Leben von Samson und König David zeigt. An die Südseite des Langchors schließt die **Sakristei** an, deren Maßwerkfenster mit Glasmalereien des 14. Jh.s ausgestattet sind. Die **Chorapsis** von St. Gereon weist eine architektonische Innovation in der staufischen Architektur Kölns auf, einen sog. **rheinischen Etagenchor**. Sein Charakteristikum ist eine mehrgeschossige **Apsis** mit Laufgängen (bei St. Gereon nur außen) – wie auch bei Groß-St. Martin, St. Aposteln, St. Kunibert und St. Severin (das früheste Beispiel zeigt die Bonner Münsterkirche). Die Apsis von St. Gereon ist außen viergeschossig gegliedert, die beiden Geschosse im Innern verfügen über je sieben Rundbogennischen in jedem Geschoss. Die romanischen Fresken entstanden Ende des 12. Jh.s, die drei Glasfenster schuf Georg Meistermann 1979–86.

Ehem. Stadtarchiv (Gereonskloster 12, I E2): Der dreigeschossige neogotische Bau mit einem in einen Treppengiebel mündenden Mittelrisalit wurde 1893–97 von Friedrich Carl Heimann errichtet. Nachdem das Kölner Stadtarchiv 1971 ausgezogen war, bezog man den Bau 1974 in den Komplex des Gerling-Konzerns ein. 2012–14 wurde er vom Architekturbüro HKR+ zu einem Hotel umgestaltet. Das gotisierende Kreuzrippengewölbe des Vestibüls ist erhalten.

Gerling-Komplex (II D2), ehem. Hauptverwaltung des Gerling-Konzerns: 1904 gründete Robert Gerling eine Versicherung. Ihren Sitz hatte sie in den 1920er und 1930er Jahren an der Von-Werth-Straße. Nach dem Krieg ließ der architekturengagierte neue Gerling-Konzernchef Hans Gerling im Gereonsviertel ein ganz eigenständiges Gebäudeensemble errichten, das vordergründig Modernität, im Kern aber mit seiner Monumentalität und einzelnen Stilmerkmalen den Geist neoklassizistisch orientierter nationalsozialistischer Repräsentationsarchitektur ausstrahlt, so dass zur Bauzeit kritisch von einer »Reichskanzlei« die Rede war. Die Planer des 1950–53 errichteten Hochhauses, Helmut Hentrich und Hans Heuser, hatten passenderweise unter Hitlers Chefarchitekten Albert Speer gearbeitet. Konkret ausgeführt wurde der Bau unter Mitwirkung Hans Gerlings von Erich Hennes und dem Bildhauer und Architekten Arno Breker, der im Nationalsozialismus als »gottbegnadeter« Künstler galt. Das 56 m hohe Gebäude ist ein mit Muschelkalk verkleideter Stahlskelettbau mit deutlich betonten Ecken. Als Breker 1956–58 gegenüber einen Dreiflügelbau anschloss, entstand dazwischen eine Art »Ehrenhof«, der Gereonshof. Von Breker und Willi Hoselmann, der in der NS-Zeit ebenfalls regimetreue Kunst schuf, stammen diverse Bauplastiken. 1961–66 entstand ein nicht ganz geschlossener achtgeschossiger Rundbau mit ungewöhnlichen fensterlosen Stirnseiten von Gustav Müller und Heinrich Sobotka; er wurde 2018 vom Büro Ortner & Ortner zu einem Hotel umgebaut. Nachdem der Gerling-Konzern 2006 von einem Konkurrenten übernommen wurde, gestalteten kister scheithauer gross architekten und stadtplaner dessen ehem. Hauptverwaltung zum **Gerling-Quartier** mit Wohnungen und Büros um. In der Von-Werth-Straße 2 errichtete das Architekturbüro ein elegantes »Torhaus«, dessen dunkle Fassaden von schmalen Messingprofilen strukturiert werden.

Nördlich des Hauptbahnhofs – zwischen Konrad-Adenauer-Ufer und Gereonswall

Ursulinenkirche St. Corpus Christi (II G1): 1639 flohen Ursulinen von Lüttich nach Köln und gründeten hier eine höhere Schule für Mädchen. Nach Plänen von Aloysius Bartoli errichtete der venezianische Architekt Graf Matteo Alberti 1709–12 ihre Kirche: einen tonnengewölbten barocken Saalbau mit eingezogener Apsis und Zweiturmfassade. Der Putzbau wird durch vier ionische Kolossalpilaster gegliedert, Portale, Fenster und Nischen sind im Wechsel rund und rechteckig geformt. Ein Segmentgiebel, den eine Statue der hl. Ursula krönt, überwölbt den Mittelteil der Fassade, die Türme tragen Schweifhauben mit Laternen. Die Engelfiguren in den beiden Nischen neben dem Mittelportal schuf Johann von Rick. Die Kirche orientiert sich stilistisch an venezianischen Saalkirchen des 17. und 18. Jh.s. Nach schweren Kriegsschäden erfolgte der Wiederaufbau bis 1954 durch Kobes Bong und Willy Weyres. Die Innenwände sind durch ionische Pilasterpaare gegliedert, den Apsisbogen schmückt ein Stuckrelief der hl. Eucharistie. Der Baldachinaltar (1717–19) von Johann Franz van Helmont stammt aus St. Kolumba. Das Gotteshaus ist Schulkirche der benachbarten Ursulinenschule und nur im Rahmen von Konzerten öffentlich zugänglich.

Das **Wohnhaus Machabäerstraße 56** (II G1), ein nobler Bau im Stil der italienischen Renaissance, steht für großbürgerliches Wohnen im 19. Jh. Den Eingang mit einem Dreiecksgiebel flankieren ionische Säulen. Das 1. OG zeigt kreisförmige Keramikreliefs mit mythologischen Bildern, das 2. OG ist mit einer Blendkolonnade leicht zurückgesetzt, den abschließenden Architrav schmücken Sgrafitti.

St. Kunibert (II G1) wurde 1247 geweiht, ein Jahr vor der Grundsteinlegung des Doms, als letzte der zwölf großen romanischen Kirchen der Stadt. Bereits im 7. Jh. erbaute oder erneuerte Bischof Kunibert hier eine Kirche. Ein Kollegiatstift bei dieser Kirche wurde 866 urkundlich erwähnt. Im 11. Jh. errichtete man einen Neubau, ein dreischiffiges Gotteshaus. Die Gebeine zweier angelsächsischer Brüder, nach ihrer Haarfarbe Ewald der Weiße und Ewald der Schwarze genannt, die den Märtyrertod erlitten hatten, wurden 1074 »zur Ehre der Altäre erhoben«, was einer Heiligsprechung gleichkommt; 1168 erfuhr auch Kunibert diese Würdigung. Der zweite Neubau entstand 1200–61, war also zum Zeitpunkt der Weihung noch nicht vollendet: eine dreischiffige Basilika aus einem Westbau mit wuchtigem Turm und einer von Türmen flankierten Ostapsis. Er überstand im Wesentlichen einige Jahrhunderte. Eine wechselvolle Geschichte hat der Westturm. 1376 beschädigte ihn ein Brand, der gotisch wiedererrichtete Bau fiel 1830 einem Sturm zum Opfer. Danach wurde der Turm in historistischem Stil neu erbaut und im Zweiten Weltkrieg erneut zerstört. 1981–93 errichtete Leo Hugot den Westbau mit seinem Turm neu und orientierte sich dabei am Zustand vor 1830, wich aber auch von der Gestaltung vor und nach 1830 ab. An den dreigeschossigen Wänden des **Mittelschiffs** wechseln betonte Vorlagenpfeiler, die bis hinauf in das Gewölbe führen, mit unbetonten Rechteckpfeilern. Es folgt eine Zone mit Säulchen eines Blendtriforiums, über dem die Rundbogenfenster des Obergadens liegen. Die zweigeschossige **Apsis** des östlichen Querhauses ist in den beiden Geschossen durch fünf Rundbogenarkaden auf Drillingssäulen gegliedert. Vor den Rundbogenfenstern liegt hier – eine Besonderheit von St. Kunibert – in beiden Geschossen ein Laufgang. Die **Glasfenster** der Apsis und der Querarme der Kirche sind bedeutende Beispiele spätstaufischer Glasmalerei. Der achtteilige Zyklus (um 1220/30) zeigt Heilige, die in einem Zusammenhang mit St. Kunibert stehen. **Wandmalereien** aus den Jahren 1220–60 im Ostquerbau vermitteln einen Eindruck von der mittelalterlichen Farbigkeit einer Kirche. Ein herausragendes Ausstattungsstück der Kirche ist die Konrad Kuyn zugeschriebene **Verkündigungsgruppe** (1439) an den westlichen Pfeilern des Chorgevierts mit Maria und dem Erzengel Michael, die auf kunstvollen Konsolen stehen. Das **Tryptichon** des Hauptaltars (1465), das Kreuzigung, Verklärung und Auferstehung zeigt, wird dem Meister der Georgslegende zugeschrieben. Die neogotischen **Schreine der hll. Ewalde und des hl. Kunibert** stehen heute rechts und links des Hochaltars in der Ostapsis. Der Ursprungsbau von St. Kunibert aus dem 7. Jh. wurde über einem Brunnen errichtet, der vermutlich auf ein vorchristliches Wasserheiligtum zurückgeht. Diesen »Kunibertspütz«, also Kunibertsbrunnen, bedeckt heute eine Schieferplatte (1955) von Elmar Hillebrand im Chorraum. Nach einer Kölner Legende fütterte die hl. Maria auf dem Grund dieses Brunnens ungeborene Kinder, bis diese von ihren Müttern abgeholt wurden. Die **Krypta** unter der »Kunibertspütz«-Schieferplatte ist ein archaisch wirkendes Tuffgewölbe mit einem Brunnenschacht. Im nördlichen Teil des Westquerhauses liegt die 1997 von Ingrid Bussenius gestaltete **Schatzkammer**.

»Weckschnapp« (Konrad-Adenauer-Ufer 69a, II H1): Der Turm ist ein Rest der 1895 abgerissenen Kunibertsbefestigung aus dem 14. Jh. Der auf gotisierenden Konsolen ruhende obere Teil mit Zinnen stammt aus dem 19. Jh. Martin Kratz baute den Turm 1956 zu einer Wohnung um und ergänzte ihn um einen Anbau, auf den 1968 noch ein DG mit verglastem Giebel und Faltdach gesetzt wurde.

Die **Hochschule für Musik und Tanz** (Dagobertstr. 38, II G1) füllt einen ganzen Baublock aus. Erbaut wurde sie 1973–77 von den Architekturbüros Bauturm und Werkgruppe 7 (Peter Busmann, Heinrich Hachenberg, Jürgen Pahl, Walther Ruoff, Erich Schneider-Wessling, Peter Trint und Erwin H. Zander).

Das Gebäude in Sichtbeton ist teilweise grellrot gefasst und besteht aus spannungsvoll gegeneinandergesetzten Bauteilen. Die reizvolle Zerklüftung mildert das große Volumen, so dass sich das brutalistische Bauwerk gut in die kleinteilige bauliche Umgebung einfügt. Der Konzertsaal ist versenkt; auf seiner Decke wurde ein Innenhof angelegt.

Haus Flach (Dagobertstr. 28, I G1): Umgeben von Gründerzeit- und Nachkriegsbauten hat das 2000–04 von Peter Kulka errichtete Wohn- und Bürohaus an der Ecke Dagobert-/Domstraße eine ganz eigenständige, markante Ausstrahlung. In der Domstraße ragt aus dem mit quadratischen anthrazitfarbenen Klinkern verblendeten Kubus im oberen Bereich ein metallverkleideter Quader heraus. Eine Loggia mit orangefarbener Wand setzt einen kraftvollen Farbakzent gegen das dunkle Gebäude. Die Front in der Dagobertstraße hat mit ihren frei verteilten Fenstern die Anmutung eines abstrakten Gemäldes.

Im **Eigelsteinviertel**, einem pulsierenden, multikulturellen Quartier, finden sich einfache Wohnbauten im Stil des Spätklassizismus aus den Jahren 1860–90. In den Straßen Eigelstein, Weidengasse, Gereonswall, Im Stavenhof und Lübecker Straße (Neustadt-Nord, II F1) stehen viele denkmalgeschützte klassizistische und historistische Häuser.

Das **Wohn- und Geschäftshaus Eigelstein 115** (II F1) ist nur 2,56 m breit und damit Kölns schmalstes Haus. Das EG mit seinem Ladenlokal zieht sich über das ganze 32 m lange Grundstück, in den weiteren Geschossen mit der Tiefe der Nachbarhäuser liegen zwei einstöckige, 32 m^2 große Wohnungen und ein zweistöckiges Apartment mit 44 m^2. Das Haus entstand 1997 nach einem Entwurf von Arno Brandlhuber und Bernd Kniess. Die Treppen zur Erschließung der oberen Etagen liegen auf der Gebäuderückseite. Die vollverglaste Fassade hat mit den in das feine Raster gesetzten Holzfenstern eine markante Ausstrahlung. 2000 wurde das Haus mit dem Kölner Architekturpreis ausgezeichnet.

St. Ursula (II E8): Der Name der Kirche geht auf die Ursula-Legende zurück, nach der die historisch nicht belegte hl. Ursula im 4. Jh. auf dem Rückweg von einer Pilgerfahrt nach Rom zusammen mit zehn anderen Jungfrauen in Köln von Hunnen, welche die Stadt belagerten, ermordet wurde. Die hl. Ursula ist Kölner Stadtpatronin, und die elf Jungfrauen finden sich als elf Tropfen oder Tränen auf dem Kölner Stadtwappen. Die steinerne **Clematiustafel**, die aus dem 4., möglicherweise aber auch erst aus dem 9. oder 10. Jh. stammt und heute an der südlichen Chorwand angebracht ist, berichtet von einem Kirchenbau bei den Gräbern von Märtyrerinnen. Allerdings ist nicht von Ursula und ihren 11 000 Jungfrauen die Rede – diese eindrucksvolle Zahl, vermutlich durch einen Lesefehler entstanden, wurde erst später genannt. Bereits im 4. Jh. errichtete man eine erste Kirche, eine dreischiffige Basilika, auf einem römischen Gräberfeld. Bei einer Erweiterung der Stadtbefestigung Anfang des 12. Jh.s fand man eine Vielzahl von Skeletten, die man als Reliquien im Dienst der Ursula-Legende deutete. Ein Zustrom von Wallfahrern zu der Kirche, die 922 Sitz eines Damenstiftes geworden war, führte zu einem Kirchenneubau (1135 geweiht), einer dreischiffigen Emporenbasilika mit Querarmen und einem zweigeschossigen Westbau mit Turm. Der romanische Chor wurde im letzten Viertel des 13. Jh.s durch einen gotischen Langchor ersetzt, der das romanische Langhaus überragt und als ein Nachfolgebau der Pariser Sainte-Chapelle (1248) zu sehen ist. Die elf Maßwerkfenster verweisen auf die elf Jungfrauen. Etwa zur selben Zeit entstand ein zusätzliches südliches Seitenschiff, die Marienkapelle. Im Barock erfuhr die Kirche eine zeitgemäße Umgestaltung. 1680 erhielt der Turm eine Barockhaube mit der »Ursulakrone«. Nach der Säkularisation wurde die Kirche wieder romanisiert. Karl Band setzte sie nach Zerstörungen des Zweiten Weltkriegs bis 1966 instand; dabei wurde im Mittelschiff eine Stichbogentonne eingezogen, die Querarme überwölbte man mit flachen Holzdecken. Das **Mittelschiff** beginnt mit Rundbogenarkaden, darüber liegen die Seitenschiffemporen, die sich mit dreiteiligen Arkaden öffnen. In den Arkaden stehen Reliquiendoppelbüsten. Im 3. Geschoss sind Rundbogenfenster unter einen Fries gesetzt. Über den beiden Rundbögen der **Westempore** liegt eine Blendbogengalerie. Im Nordflügel der Empore ist die **Schatzkammer** mit Ausstattungsstücken der Kirche untergebracht. Die drei zentralen Fenster des **Chors** schuf 1890 William Francis Dixon, die seitlichen Fenster 1962/63 Wilhelm Buschulte. Im Chor befindet sich der Ursulazyklus aus dem Jahr 1456, 21 Gemälde mit Szenen der Ursulalegende. Hinter dem Hochaltar stehen der im 19. Jh. rekonstruierte **Ursulaschrein** und der noch aus dem Jahr 1170 stammende **Schrein des Ätherius**, der als Ursulas Bräutigam gilt. Das **Grabmal** der hl. Ursula (1659) aus Alabaster im nördlichen Querhaus liegt auf einem Sockel aus schwarzem Marmor, der einen gotischen Sarkophag aus dem 15. Jh. umschließt. Ein höchst ungewöhnlicher, Beklemmung auslösender Raum ist die 1643 eingerichtete **Goldene Kammer**, in der 122 goldene und silberne Reliquienbüsten und tausende Gebeine und Totenschädel an den Wänden sich zu Ornamenten und schriftlichen Zeichen fügen. In der **Apsis der Marienkapelle** gestalteten Kister Scheithauer Groß Architekten und Stadtplaner 2003–05 eine **Gedenkstätte für die Kölner Märtyrer des 20. Jh.s** in Form einer Leinwandkonstruktion, die mit Namen, Daten und Zitaten der Märtyrer bedruckt ist.

Bildungslandschaft Altstadt-Nord (Gereonswall 57, II E1): Im Klingelpützpark wurde 2013–20 nach einem Entwurf von Gernot Schulz und André Zweering ein Schulzentrum mit einem innovativen pädagogischen Konzept errichtet: eine Kin-

Goldene Kammer mit Gebeinen in St. Ursula

dertagesstätte, die Erweiterung eines Grundschulgebäudes von Karl Hell aus dem Jahr 1958, eine Realschule und ein Studienhaus mit der Schulbibliothek. Die vier Gebäude haben einen fünfeckigen Grundriss und schräge Dächer, die Fenster sind unregelmäßig auf die mit grauem Klinker verkleideten Fassaden verteilt.

Das **Bürogebäude G 75** (Gereonswall 75, II E1) wurde 2002 vom Architekturbüro Schilling Architekten errichtet, das hier selbst seinen Sitz hat. Der viergeschossige Stahlbetonskelettbau hat einen fünfeckigen Grundriss. Die Fassade ist mit geschosshohen Fenster- und Sichtbetonflächen gestaltet, wobei Glas und Beton auf jedem Geschoss anders verteilt sind, dadurch hält der Flachdachbau eine Balance von Strenge und Lebendigkeit. Der Eingang liegt in einer sich über EG und 1. OG erstreckenden Glaswand, die gegenüber der 3. und 4. Etage schräg zurückgesetzt ist, was dem Gebäude Leichtigkeit verleiht.

Altstadt-Süd

Zwischen Pipinstraße und Severinsbrücke

St. Maria im Kapitol (II F4): Am Standort des römischen Kapitolstempels aus dem 1. Jh. wurde bereits im 7. Jh. eine Kirche gebaut. 1040–65 entstand ein salischer Neubau, dessen Gestalt im Kern bis heute erhalten ist: eine Basilika mit Langhaus und Seitenschiffen, bei der ein längsgerichteter Bau mit einem Zentralbau, einem Kleeblattchor, verknüpft ist, in dem die Seitenschiffe mit einem Umgang weitergeführt werden. Diese Architektur war damals einzigartig. Mit dem ersten abendländischen Kleeblattchor ist St. Maria im Kapitol eine bedeutende Bauschöpfung der Romanik. Die Dreikonchenanlage beeinflusste weitere Sakralbauten, vor allem im Rheinland, in Köln etwa St. Aposteln (s. S. 81) und Groß-St. Martin (s. S. 60). Um 1240 wölbte man das Mittelschiff ein: Das Gewölbe wurde allerdings im Zweiten Weltkrieg zerstört und schließlich durch eine Holzdecke ersetzt. Der Glockenturm des Westbaus stürzte 1637 ein und wurde nur bis zur Firsthöhe des Mittelschiffs wiedererrichtet; seine beiden Flankentürme kürzte man 1780 wegen Baufälligkeit auf die heutige Höhe. Bei der Rekonstruktion der massiv beschädigten Kirche 1948–84 orientierten sich Wilhelm Hartmann, Willy Weyres und Hannsjosef Schäfer am Zustand des 11. und 12. Jh.s. Zwei spätgotische Kapellen, die **Hardenrath-Kapelle** (1466) an der Südkonche und die **Hirtz-Kapelle** (1493) an der Nordkonche sowie die **Sakristei** (um 1500) an der Nordseite der Ostkonche wurden rekonstruiert. Der Westbau ist durch eine dreiteilige Arkade mit dem Mittelschiff verbunden, im OG der Arkadenwand liegt die ehem. **Nonnenempore** mit einer Dreibogenbrücke auf Säulen und einem Scheidbogen mit zwei schlanken Säulen darüber. Das

Mittelschiff öffnet sich mit Rundbögen zu den Seitenschiffen, im Obergaden sitzen Rundbogenfenster aus dem 11. Jh. Die Seitenschiffe mit ihren Kreuzgratgewölben führen weiter in den **Chorumgang** mit den je sieben Arkaden der drei Konchen. Die **Maßwerkschranken** der Ostkonche aus dem Jahr 1464 stellte man 1981/82 wieder her. Die **Obergadenfenster** des Dreikonchenchors wurden 1938 von Anton Wendling im Stil der Neuen Sachlichkeit entworfen, aber erst 1979–84 realisiert. Der **Renaissancelettner** (1525) zwischen Langhaus und Kleeblattchor zeigt alt- und neutestamentliche Szenen sowie Heiligen- und Prophetenfiguren. Die als erhaltene Holztür des Mittelalters einzigartige **Bildertür** (vor 1065) im südlichen Seitenschiff bietet 26 Szenen aus dem Leben Jesu. Das **Gabelkreuz** (Crucifixus dolorosus) aus dem frühen 14. Jh. in der nördlichen Winkelkapelle an der Ostkonche zeigt Jesu Leiden mit schonungsloser Drastik. Eine in ihrer Archaik eindrucksvolle Skulptur ist die **Thronende Muttergottes** mit Kind auf einem Löwen (um 1200) im nördlichen Seitenschiff. Die eindrucksvolle **Krypta** besteht aus einer dreischiffigen Haupthalle, an die drei Kapellen und quadratische Querräume angegliedert sind. Das **Dreikönigstörchen** zwischen St. Maria im Kapitol und dem Marienplatz mit einer Anbetungsgruppe (um 1310) ist das letzte Kölner Immunitätstor – die Immunität war ein von der Stadt getrennter Rechtsbezirk rund um eine Klosterkirche.

Auf dem Lichhof neben der Kirche steht die Skulptur **Trauernde** (1949) von Gerhard Marcks zur Erinnerung an die Toten des Zweiten Weltkriegs.

Haus von Lom (Rheingasse 16, II G4): Walter von Lom schloss 1974 mit diesem Haus, seinem Wohn- und Arbeitsort, eine Baulücke neben einem Kontorhaus aus dem Jahr 1910 (Rheingasse 14). Die nur 7,80 m breite Fassade ist fast vollständig verglast und wird durch einen vertikalen Sichtbetonstreifen und ein etwas kräftigeres horizontales Betonband über dem EG gegliedert. Eine raffinierte plastische Gestaltung erfährt das Haus durch den tief hinter die Fassade gelegten Eingang und zwei dreigeschossige Erker, die in der Vertikalen gegeneinander abgestuft sind.

Das **Ubiermonument** (II G4) wurde 1965 bei Bauarbeiten entdeckt und schließlich überbaut, so dass es sich heute im Keller dieses Nachkriegshauses befindet. Es handelte sich um einen 12 m hohen Turm aus Tuffblöcken (bis 6,50 m Höhe erhalten) mit einer Grundfläche von 9,38 × 9,70 m; der Turm steht auf einem Fundament aus römischem Gussmauerwerk, das Eichenpfähle stützen. Er ist das älteste bekannte aus behauenen Steinquadern errichtete Bauwerk nördlich der Alpen. Seine Funktion jedoch ist ungeklärt, möglicherweise war er ein Wachtturm des Hafens. Ende des 1. Jh.s wurde die Stadtmauer an den Turm angebaut (s. Kasten auf S. 78 f.). In der Straße Mühlenbach 19–49 hat sich ein Teil dieser Mauer erhalten.

Das **Overstolzenhaus** (II G4) ist das einzige romanische Wohnhaus Kölns und das älteste noch bestehende, allerdings teilrekonstruierte und in einigen Teilen veränderte deutsche Patrizierhaus. Erbaut wurde es um 1225 von der Kaufmannsfamilie Overstolz. Nach wechselnden Eigentümern erwarb es die Stadt Köln. Das Haus wurde im Zweiten Weltkrieg weitgehend zerstört, nur das EG und das 1. OG der Fassade blieben erhalten. Ab 1955 wurde es wiederaufgebaut und erhielt einen Anbau von Hanns Koerfer; dabei wurden romanische Wandmalereien mit Szenen von Ritterturnieren entdeckt. Anders als heute war das EG ursprünglich asymmetrisch mit einem mittigen Kellerzugang und einer Eingangstür rechts gestaltet. Im 1. OG lag ein Festsaal, die vier obersten Geschosse waren Speicher. Heute weist das EG fünf moderne Fenster auf. Die Fassade ist sehr klar und zugleich dynamisch konturiert. Das

1. OG strahlt mit seinen Doppelarkaden, über die Okulusöffnungen gesetzt sind, Repräsentativität aus. Auf den vier Geschossen des Treppengiebels darüber wechseln Zwillingsfenster mit runden oder gestuften Blenden ab. Heute wird das Haus von der Kunsthochschule für Medien Köln genutzt.

Die **Trinitatiskirche** (II G4–5) war Kölns zweite protestantische Kirche nach der ehemals katholischen Antoniterkirche (s. S. 67) und das erste in Köln eigens errichtete evangelische Gotteshaus. Der preußische König Friedrich Wilhelm IV. wünschte eine Kirche im Stil altchristlicher Kirchen, die nicht mit den bedeutenden romanischen und gotischen Kirchen der Stadt in Konkurrenz treten sollte. Friedrich August Stüler, ein Schüler Karl Friedrich Schinkels, erbaute die Trinitatiskirche 1857–60 als dreischiffige Emporenbasilika im Rundbogenstil, deren schlanker, dunklerer Glockenturm, wiewohl nicht freistehend, die Ausstrahlung eines Campanile hat. Die Kirche, Kölns »protestantischer Dom«, gilt als wichtiges Zeugnis des Spätklassizismus und repräsentierte in der preußischen Zeit den Protestantismus in einem Zentrum des Katholizismus. Sie ist mit Ziegelmauerwerk gebaut, nur die Fassade wurde mit Tuffstein verkleidet, und erhebt sich mit einer großen Maßwerkrosette über einem neunachsigen Arkadenportikus. Nach Kriegsbeschädigungen wurde die Kirche 1952–65 durch Georg Eberlein und Fritz Renné wiederaufgebaut. Der prächtige, reich ausgemalte Innenraum erstand in einer kühl-reduzierten weißen Fassung. Sehr hohe, pfeilergestützte Arkaden gliedern ihn in Mittelschiff und Seitenschiffe. Auf Drillingsarkaden zwischen diesen Pfeilern ruht die dreiseitige Empore. Über der hohen, halbrunden Apsis ist eine Rosette eingesetzt. Die farbige Verglasung beider Rosetten schuf 1960/65 Wolfgang Röhrig. Kurt-Wolf von Borries gestaltete 1962 die neue Kassettendecke, ebenso Altar und Kanzel. Das Taufbecken aus Carrara-Marmor schuf Wilhelm Fassbinder 1899. Heute finden in der

Trinitatiskirche nicht mehr regelmäßig Gottesdienste statt, dafür hin und wieder Kunstausstellungen.

St. Maria Lyskirchen (II G4–5), eine dreischiffige, gewölbte Emporenbasilika mit Nordturm, Chorrechteck und Apsis, ist die kleinste der zwölf großen romanischen Kirchen Kölns und die am besten erhaltene Kirche der Altstadt. Bedeutend ist sie durch ihre im Rheinland einzigartigen mittelalterlichen Wand- und Deckenmalereien. 948 wurde die Kirche erstmals erwähnt, der Name geht auf eine Patrizierfamilie zurück. Die heutige Emporenbasilika entstand Anfang des 13. Jh.s. Im 17. Jh. wurde das Langhaus umgebaut und mit Maßwerkfenstern versehen. Die Ostapsis baute man in nachgotischem Stil mit großen Fenstern neu, die romanischen Emporen wurden barockisiert. Die im Zweiten Weltkrieg relativ leicht beschädigte Kirche wurde durch Karl Band wiederhergestellt. Der nördliche **Flankenturm** der Chorfassade mit seinen Ecklisenen und dem Rundbogenfries im 3. Geschoss erhielt 1868 ein Rhombendach, der südliche Turm ist auf zwei Geschosse beschränkt. Das **Westportal** aus dem 13. Jh. weist über einem von Pilastern flankierten Eingang ein Tympanon mit siebenachsigem Rundbogenfries auf. Über der Tür ist die Höhe des Rheins bei der Hochwasserkatastrophe 1784 markiert. Das **Mittelschiff** wird von einem Kreuzrippengewölbe geschlossen, dessen Rippen auf reich verzierten Kapitellen als Auflager ruhen. Faszinierend sind die **Wand- und Deckenmalereien**: Eine **Anbetung der Heiligen Drei Könige** (um 1230) befindet sich über dem inneren Westportal. In den drei Kreuzgewölben des Mittelschiffs ist ein **Zyklus von 24 Bildern** zu sehen, der Szenen des Alten Testaments Ereignissen des Neuen Testaments gegenüberstellt. Das Gewölbe der südlichen Turmkapelle zeigt Szenen der **Nikolauslegende** (um 1270), die nördliche Turmkapelle einen **Katharinenzyklus** (um 1280). Drei spätgotische **Glasfenster** (um 1520/30) im nördlichen Seitenschiff ergänzte Franz Pauli 1957 um zusätzliche Scheiben. Im nördlichen Seitenschiff steht Caspar Benedikt Beckenkamps im 19. Jh. geschaffene Kopie eines **Altartryptichons** (1524) von Joos van Cleve d. Ä., das die Beweinung Christi zum Thema hat. Rechts vom Innenportal befindet sich die ***Schiffermadonna*** (um 1420), die für den Typus der »Schönen Madonna« und den »weichen Stil« steht. Das **Taufbecken** (zweite Hälfte 13. Jh.) aus weißem und schwarzem Marmor stammt aus der Stauferzeit.

Das **Hochpfortenhaus** (Hohe Pforte 9–11) entwarfen Clemens Klotz und Josef Fieth 1930 als einen typischen Bau der Neuen Sachlichkeit mit Fensterbändern und einer Rundecke wie beim Dischhaus (s. S. 72). Durch sein zurückgesetztes DG, dessen leicht hervorkragendes Flachdach noch einen abschließenden Akzent setzt, wirkt das fünfgeschossige Gebäude mit seiner Backsteinfassade ausgewogen.

St. Georg (II F5): Hier entstand zunächst – vielleicht im 7. Jh. – eine dem hl. Caesarius, einem römischen Märtyrer, geweihte Kirche. 1059 gründete Erzbischof Anno II. an der Stelle ein Chorherrenstift und ließ bis 1067 eine dreischiffige Säulenbasilika mit Querarmen und Langchor errichten – die heutige Kirche St. Georg. Das Innere erfuhr barocke und historistische Neugestaltungen. 1927–30 wurde der Bau von Clemens Holzmeister, Wilhelm Hartmann und Wilhelm Schorn saniert, die auf eine Wiederherstellung des Zustandes des 12. Jh.s abzielten und sich mit Steinsichtigkeit und Rauputz an der »Neuen Sachlichkeit« ihrer Zeit orientierten. Nach starken Kriegszerstörungen stellten Wilhelm Hartmann, Wilhelm Schorn und Willy Weyres bis 1964 den Zustand von 1930 wieder her. Über die **Vorhalle** gelangt man in den **Westchor**, einen quadratischen Bau mit Hängekuppel und zweigeschossigen Wänden, die lebhaft durch Rundbogenfenster, Nischen, Pilaster, Säulen und einen Laufgang im oberen Geschoss gegliedert sind. An der Westwand ist ein **Gabelkruzifix** oder Pestkreuz (Ende 14. Jh.)

zu sehen, das nicht nur auf Christus, sondern auch auf die Leiden der Menschen während der Pestepidemien verweist. Wie ein Tor führt vom Westchor ein sechsfach gestufter Bogen zum **Langhaus**, dessen Wände von acht Sandsteinsäulen – Überresten römischer Bauten – mit Kapitellen getragen werden. St. Georg ist die einzige erhaltene Säulenbasilika des Rheinlands. Zwischen den Säulen ragt auf jeder Seite des Hochschiffs jeweils ein kraftvoller Pfeiler als Stütze für das Gewölbe des 12. Jh.s empor. Im **Ostchor** hängt ein **Triumphkreuz** (1067), eine ergänzte Kopie des im Museum Schnütgen aufbewahrten Originals. Die fünfschiffige **Hallenkrypta** aus dem 11. Jh. liegt unter dem Chor. Im südlichen Querarm steht ein **Tryptichon** von 1555–58, das Kreuztragung, Beweinung und Auferstehung Christi darstellt und Bartholomäus Bruyn d. J. zugeschrieben wird. Sehenswert sind die 1930 von Johan Thorn-Prikker geschaffenen figürlichen und abstrakten **Glasfenster** in West- und Ostchor, Seitenschiffen und Obergaden im Stil der Neuen Sachlichkeit mit Art-déco-Anklängen.

Die **Severinsbrücke** (II H5) führt vom Severinsviertel nach Deutz und mündet dort in den Gotenring und den Deutzer Ring. Gerd Lohmer und Fritz Leonhardt erbauten die Balken- und zugleich Schrägseilbrücke 1956–59 im charakteristischen »Kölner Brückengrün« – als ersten vollständig neuen Kölner Brückenbau nach dem Krieg. Mit ihrer Spannweite von 691 m ist die Severinsbrücke asymmetrisch im Verhältnis 1:2 durch einen 77 m hohen A-förmigen Pylonen mit zwölf Stahlseilen gegliedert, durch dessen Spreizung eine Teilung der Fahrbahnen umgangen wird. Lohmer, ursprünglich Bildhauer, betrachtete Brücken als »begehbare Plastiken«. Entstanden ist ein technisches Bauwerk von hoher ästhetischer Qualität, das mit seinem Zusammenklang von sachlicher Horizontalität des Brückenkörpers, eleganter Vertikalität des Pylonen und den feinen Linien der stählernen Aufhängung besticht.

In der Spielmannsgasse nahe der Severinsbrücke und der Kirche St. Johann Baptist steht ein Denkmal von Elmar Hillebrand aus dem Jahr 1968, das den **hl. Severin** darstellt, den dritten bekannten Bischof Kölns.

Vom Griechenmarktviertel zum Hahnentor

Das **Griechenmarktviertel** liegt zwischen Neumarkt, Nord-Süd-Fahrt, Blaubach und Rothgerberbach und dem Mauritiussteinweg (II E/F4–5). Der Bereich der Straßen Kleiner und Großer Griechenmarkt war über Jahrhunderte ein Quartier der einfachen Leute. Nach den Zerstörungen des Zweiten Weltkriegs wurden ab 1951 drei- und viergeschossige Wohnhäuser mit Satteldach in Blockrand- oder Zeilenbebauung und mit Innengärten errichtet, u. a. nach Entwürfen von Theodor Kelter, Hans Schumacher und Franz Seuffert. Diese Wohnbebauung gilt als beispielhafte Planung eines Innenstadtviertels nach dem Krieg. Ein letzter baulicher Zeuge des ursprünglichen Griechenmarktviertels ist das **Haus Bachem** (Großer Griechenmarkt 37–39): Das dreigeschossige Renaissancegebäude von 1590 ist ein Ziegelbau mit einer Putzfassade, die von Gesimsen gegliedert wird und in zwei Volutengiebel mündet. 1943 wurde es stark beschädigt, doch das EG mit barocker Wendeltreppe und den »Hängestuben« (mit halber Geschosshöhe eingebaute Räume) blieb unversehrt. Seit 2014 hat hier das Literaturhaus Köln seinen Sitz.

Der **Wasserturm** (II E5) bot zur Zeit seiner Erbauung durch den Briten John Moore (1868–72) die erste zentrale Wasserversorgung im Rheinland. Er war der größte Wasserturm Europas. Heute ist er einer der ältesten weltweit erhaltenen Wassertürme. Er hat einen Durchmesser von 34 m und barg einst einen doppelten Wasserbehälter. 1930 wurde er, da technisch überholt, stillgelegt. Die Fassade des gewaltigen Zylinders, auch »kölsche Engelsburg« genannt, ist neoromanisch-klassizistisch mit Mauervorlagen, schmalen Rundbogenfenstern und Okuli darüber gestaltet. Im Zweiten Weltkrieg büßte der Turm die oberen Geschosse ein, 1985–90 baute Konrad Ludwig Heinrich das Gebäude zu einem Hotel um und erhöhte bei seiner Rekonstruktion die Arkaden im oberen Bereich. Danach entstand auf dem Dach eine moderne gläserne Abschlusskonstruktion. Die Inneneinrichtung des Hotels gestaltete die französische Innenarchitektin Andrée Putman. Die Backsteintragekonstruktion für die Wasserbehälter ist im Hotelinnern noch zu sehen.

Ehem. Kaufhof-Hauptverwaltung (II E4): Das achtgeschossige Hochhaus wurde 1953/54 nach Plänen von Hermann Wunderlich und Reinhold Klüser errichtet. Der Stahlskelettbau mit vorgehängter Aluminiumfassade zeigt mit seinen grünen Glaspaneelen die firmentypische Farbigkeit.

St. Peter (II E/F4) ist der letzte gotische Kirchenbau in Köln. Eine erste Kirche an diesem Ort entstand im 9. oder 10. Jh. Im 12. Jh. wurde eine Basilika errichtet, deren 1618 erhöhter Turm erhalten ist. Er trägt heute die viersprachige **Lichtinstallation** *Sorge dich nicht* (2000) von Martin Creed. 1510–30 entstand die heutige dreischiffige Emporenbasilika mit polygonaler Apsis. Nach Kriegszerstörungen wurde sie bis 1969 von Karl Band wiederaufgebaut; das vernichtete Gewölbe ersetzte eine flache Holzdecke, die Netzgewölbe der Seitenschiffe und Emporen sind erhalten. 1926–28 bemalte Hans Zepter die Gewölbe der Seitenschiffe in expressionistischem Stil. Diese öffnen sich zum Mittelschiff, die Brüstungen der drei Seiten des Schiffs umlaufenden Empore sind mit durchbrochenem Maßwerk gestaltet. 1997–2000 erfuhr die Kirche durch Wiegmann & Trübenbach Architekten eine Umgestaltung. Die Holzdecke wich einer höheren, hellen Decke, der Backsteinboden einem grauen Estrich, ein neuer Putz der Wände orientierte sich am originalen Werkstein der Kirche. Ulrich Wiegmann gestaltete den Altartisch aus Beton. Außerhalb der Messe ist die Basilika leer. Es zeigt sich ein eindrucksvoller, auf das Wesentliche reduzierter Raum mittelalterlicher Architektur, der mit einer ästhetischen Anmutung der Gegenwart verschmilzt. Die farbigen **Glasfenster** (1528–30) in Chor (von links nach rechts: Kreuztragung, Kreuzigung und Beweinung), Seitenschiffen und Emporen sind bedeutende Zeugnisse der Kölner Glasmalerei im Übergang von der Spätgotik zur Frührenaissance. In der **Taufkapelle** im EG des Turms sind eine Pietà (um 1410), eine Madonna (um 1470) und ein spätgotisches Passionstriptychon (1530) zu sehen. Das bedeutendste Ausstellungsobjekt ist das Gemälde ***Kreuzigung Petri*** (1638) von Peter Paul Rubens, der in Köln Jahre seiner Kindheit verbrachte: Das Bild verbindet eine künstlerisch bestechende, hochdramatische Bildkomposition mit schockierender Brutalität der dargestellten Szene. Ein modernes Ausstattungsstück ist die Granitskulptur ***Gurutz Aldare*** (»Kreuzaltar«) im nördlichen Seitenschiff, die Eduardo Chillida im Jahr 2000 schuf. Seit 1987 wird St. Peter als **»Kunst-Station St. Peter – Zentrum für zeitgenössische Kunst und Musik«** auch für Ausstellungen und Konzerte genutzt.

St. Căcilien (Museum Schnütgen, I F4): Die Basilika der Stauferzeit geht auf eine Saalkirche des 9. Jh.s zurück. 1100–70 entstand die heutige dreischiffige Pfeilerbasilika mit einem überwölbten Chorquadrat mit Ostapsis, Seitenschiffsapsiden und dem Nordportal. 1483 wurde anstelle der nördlichen Apsis die spätgotische Sakristei gebaut, und man zog in das Langhaus ein Kreuzrippengewölbe ein, das allerdings im Zweiten Weltkrieg zerstört wurde. 1848/49 wurde der Westabschluss der Kirche in neoromanischem Stil neugestaltet. 1947–56 baute Karl Band die schwer beschädigte Kirche wieder auf; das Mittelschiff hat seit 1953 wieder eine flache Holzdecke. 1956 wurde der im Innern schlichte und doch eindrucksvolle Bau ein Ausstellungsraum des **Museums Schnütgen** (s. S. 182). Das **Cäcilien-Tympanon** am Nordportal (1160/70), dessen Original sich im Museum Schnütgen befindet, zeigt Cäcilia mit ihrem Ehemann und dessen Bruder. Auf dem zugemauerten Portal der Westfassade ist ein von Harald Naegeli, dem »Sprayer von Zürich«, 1980 aufgesprühtes **Totentanz-Skelett** zu sehen. Die steinsichtige Arkadenzone des **Mittelschiffs** mit rechteckigen Trachytpfeilern endet mit einem profilierten Gesims. Darüber erhebt sich der verputzte Obergaden. Die um 1300 entstandenen gotischen **Wandmalereien** des Chors thematisieren die Viten Jesu und der hl. Cäcilie. St. Cäcilien bildet zusammen mit St. Peter (s. S. 104) die letzte erhaltene Kölner »Kirchenfamilie«, also Doppelkirchenanlage, ein Nebeneinander einer Stifts- und einer Pfarrkirche.

Das **Kulturquartier am Neumarkt** (II E4) wurde 2010 vom Architekturbüro Schneider + Sendelbach errichtet. Es beherbergt das **Museum Schnütgen**, das mittelalterliche Kunst zeigt (s. S. 182), und das ethnologische **Rautenstrauch-Joest-Museum** (s. S. 183) mit dem **Juniormuseum** für ein junges Publikum. Den klinkerverkleideten Betonkubus spalten auf seiner Nordseite zwei gebäudehohe gläserne Fugen; ein Glaserker durchbricht den breitesten Fassadenteil. Geschlossenheit und Transparenz prägen den Museumsbau, in dessen Räumen ein raffiniertes Kunstlichtkonzept umgesetzt wurde. Ein gläserner Glasquader verbindet ihn mit den Ausstellungsflächen des Museums Schnütgen in der Kirche **St. Cäcilien** (s. S. 105) und im Anbau von Karl Band aus dem Jahr 1956.

VHS-Studienhaus (Cäcilienstr. 35, I E4): Das sechsgeschossige Studienhaus der Volkshochschule wurde 1962–64 nach Plänen von Franz Lammersen und Franz Löwenstein erbaut. Aus dem im EG aufgeständerten Bau ragt risalitartig das Treppenhaus heraus. Auf ihm ist das Relief *Große Huldigung an das technische Zeitalter* (1964) von Arnaldo Pomodoro angebracht, dessen abstraktes Arrangement an elektronische Elemente erinnert. Das DG ist als Loggia gestaltet.

Das **Belgische Haus** (Cäcilienstr. 46, I E4), frz. Maison Belge, wurde 1950 als erstes ausländisches Kulturinstitut Kölns nach dem Zweiten Weltkrieg eröffnet. Johannes Schüller gestaltete es mit der Tuffsteinfassade und den Fenstereinfassungen, die im 1. OG mit Agraffen verziert sind, traditionalistisch – andererseits zeigen die klare Fassade und das Flachdach eine moderne Architektursprache. Boden und Wände aus schwarzem Marmor und Solnhofer Platten entwarf Hans Hansen. 2015 verließen verschiedene belgische Einrichtungen das Haus; seit 2019 dient es als Interimsquartier des Römisch-Germanischen-Museums (s. S. 184). Der 2015 gegründete Verein der Freunde des Belgischen Hauses e. V. nutzt das Belgische Haus für den belgisch-deutschen Kulturaustausch.

Im **Haus Bing** (Neumarkt 15–19, I E4), 1907/08 von Heinrich Müller-Erkelenz errichtet, befand sich ursprünglich die Samt- und Seidenwarengroßhandlung der Kaufmannsfamilie Bing. 1939 enteignete die Stadt die jüdische Familie unter Zahlung eines weit unter dem Marktwert des Hauses liegenden Betrages. 1940 zog die »Beratungsstelle für Erb- und Rassenpflege« ein, deren Gutachten 4000 Menschen zu »Erbkranken« erklärten, woraufhin diese zwangssterilisiert wurden. Seit 1945 ist hier das Städtische Gesundheitsamt untergebracht. Der viergeschossige frühe Stahlbetonskelettbau in neobarocken Formen zeigt mit seinen Gruppenfenstern und einer klaren Fassadengestaltung bereits Anklänge der Neuen Sachlichkeit. Acht Kolossalpilaster gliedern die Muschelkalkfassade, deren Mittelteil drei Runderker kraftvoll akzentuieren. Der Architekt arbeitete mit Dreiklängen: Das Haus hat drei Erker und drei Portale, die wiederum dreigeteilt sind.

Hahnenstraße (I E4): Die Nationalsozialisten planten ab 1937 einen 60 m breiten Ost-West-Durchbruch vom Rudolfplatz bis zum Heumarkt, der allerdings kriegsbedingt nicht realisiert wurde. Ab 1947 entstand im westlichen Teil dieser Planung nach Entwürfen Wilhelm Riphahns das Ensemble Hahnenstraße mit ein- bis zweigeschossigen Ladenzeilen und Kulturbauten (siehe das Beispiel im folgenden Absatz). Dahinter wurden mehrgeschossige Wohnhäuser errichtet. Teile des Ensembles wurden verändert; original erhalten sind die schrägen Schaufenster des Hauses Nr. 8. Die Kleinteiligkeit der Läden und die niedrige Höhe der Bauten hat eine leichte, heitere Ausstrahlung.

Kölnischer Kunstverein (Hahnenstr. 6, II D4): Das Gebäude beherbergte einst mit dem British Information Center »Die Brücke« ein britisches Kulturinstitut (ab 1959 British Council genannt), das die demokratische »Umerziehung« der Deutschen unterstützen und dem kulturellen Austausch dienen sollte. Das L-förmige Flachdachgebäude entstand 1949/50 nach einem Entwurf von Wilhelm Riphahn. Der muschelkalkverkleidete Hauptbau steht auf der Straßenseite auf schmalen Eisenstützen, über dem Eingang ist die filigrane Metallplastik *Die Brücke* (1950) von Ludwig Gies angebracht. Schmale, hohe Runderker akzentuieren den Saal im OG. Der beidseitig mit großen Fenstern ausgestattete Längstrakt wird durch hell verputzte Wandpfeiler gegliedert. Seit 2002 nutzt der Kölnische Kunstverein (s. S. 180) den Bau.

Durch das **Hahnentor** (II D4, s. Kasten auf S. 120) aus dem 13. Jh. zogen die deutschen Könige und Kaiser nach ihrer Krönung in Aachen in die Stadt Köln ein.

Von St. Pantaleon durch das Severinsviertel zum Rheinauhafen

St. Pantaleon (II E5), benannt nach einem frühchristlichen Märtyrer und Heiligen, wird erstmals 866 erwähnt. Um 957 gründete der Kölner Erzbischof Bruno hier eine Benediktinerabtei, 980 wurde ein Kirchenneubau geweiht, eine Saalkirche mit quadratischen Annexen und flachem Chorschluss. Theophanu, Witwe von Kaiser Otto II. und nach dessen Tod selbst Kaiserin, wurde in der Kirche beigesetzt. Sie hatte St. Pantaleon durch eine Verlängerung des Langhauses, den Neubau des Westwerks und um eine halbrunde Ostapsis erweitern lassen. Im 12. Jh. erweiterte man das Langhaus um kreuzgratgewölbte Seitenschiffe. Im 17. Jh. wurden Langhaus und Chor durch Maßwerkfenster und Gewölbe gotisiert, im 18. Jh. erfuhr der Innenraum durch Hochaltar und Kanzel eine Barockisierung. Unter der französischen Besatzung ab 1794 diente die Kirche als Pferdestall. 1835–52 war der Westwerkmittelturm eine Station des optischen Telegraphen zwischen Berlin und Koblenz. 1888–92 wurde das über Jahrhunderte veränderte Westwerk wieder romanisiert. Nach Kriegszerstörungen besorgten Otto Bongartz, Wilhelm Hartmann, Hannsjosef Schäfer und Willy Weyres bis 1984 den Wiederaufbau; dabei erhielt das Mittelschiff anstelle des vernichteten Gewölbes eine flache Holzdecke, die Dieter Hartmann 1992/93 mit der Wurzel Jesse und Heiligen ausmalte. Das **Westwerk** mit seinen drei Türmen und drei Flügeln ist ein Bau von eindrucksvoller Präsenz: zusammen mit dem knapp 13 m breiten, damals monumentalen Saal des Langhauses Ausdruck des Machtwillens des ottonischen Kaiserhauses, das die Kirche gestiftet hatte. Die Fassade ist mit Pilastern, Lisenen und Rundbogenfriesen fein austariert. Die Pilaster tragen die frühesten bekannten Würfelkapitelle. Im Innern des Westwerks ist das **Lapidarium** untergebracht, in dem Reste ottonischer Skulpturen der Westfassade zu sehen sind. Der Mittelbau des Westwerks, dessen Deckengemälde *Himmlisches Jerusalem* 1965 Gerd Kadow schuf, öffnet sich mit einem großen Rundbogen zum Langhaus. Der Saal der ottonischen Bauperiode ist an den je sieben Blendbögen an jeder Wand erkennbar. Der spätgotische **Lettner** (1503), ein hervorragendes Werk der Kölner Spätgotik, trennt Langhaus und Chor. Die filigrane Maßwerkbrüstung zeigt in der obersten, mittigen Position die Muttergottes und neben ihr (von links nach rechts) die hll. Benedikt, Albinus, Pantaleon und Mauritius, weiter außen stehen die hll. Johannes und Quirinus. Die Kirche enthält noch einige Elemente ihrer barocken Ausstattung. Auf dem Lettner ruht der frühbarocke **Orgelprospekt** (1652) von einem Meister Balthasar. Die **Barockkanzel** (um 1750) mit ihrer schwungvollen Treppe wird von einem prächtigen Schalldeckel gekrönt. Die Verglasungen der gotisierenden Maßwerkfenster der **Chorapsis** schuf Heinrich Bruin d. J. 1622. Zentrum des barocken **Hochaltars** (um 1750) ist ein Stuckrelief des hl. Pantaleon. In der Krypta steht der **Sarkophag Erzbischof Brunos**, im nördlichen Westwerk der **Sarkophag der Theophanu**, den Sepp Hürtgen 1965 gestaltete. Zwei prächtige **Reliquienschreine** sind rechts und links vom Lettner aufgestellt, der des hl. Marinus (um 1170) und der des hl. Albinus (1186). Die mit vergoldetem Kupferblech verkleideten Schreine zeigen silber- und kupfergetriebene Reliefbilder. Besonders interessant sind die Emaildarstellungen von Engeln am Marinusschrein. Zu der früheren Klosteranlage gehört der **Kapitelsaal** (13. Jh.) an der Nordseite der Kirche. Er liegt über zwei erhaltenen Jochen des Südflügels des 1820 niedergelegten Kreuzgangs.

St. Maria vom Frieden (II F6): Die Karmelitinnen-Klosterkirche entstand 1643–1716. Anlass für den Bau von Kloster und Kirche war, dass Maria von Medici, die Mutter des französischen Königs Ludwig XIII., die, von ihrem Sohn verbannt, in Köln starb, 1642 den Karmelitinnen ein Gnadenbild der Muttergottes hinterließ. 1942 wurde die Kirche durch Bomben stark zerstört, bis 1964 wurde sie durch Heinz Bienefeld und Emil Steffann wiederaufgebaut. Die an barocke Bauten Roms erinnernde Westfassade zeigt eine zum Volutengiebel aufstrebende Mittelachse mit einer Statue Marias als Friedenskönigin über dem Portal. Den einschiffigen Bau krönt eine Vierung mit durchfensterter Kuppel, den Chor schließt ein Sterngewölbe. Ein ausgeprägtes Gesims säumt den Innenraum. Das Gnadenbild wurde im Zweiten Weltkrieg zerstört und 1948 durch eine gestiftete Marienstatue ersetzt. In der Krypta erinnert eine Gedenktafel an die Philosophin Edith Stein, die 1998 heiliggesprochen wurde. Die gebürtige Jüdin konvertierte 1922 zum katholischen Glauben und trat 1933 in den Karmel vom Frieden in Köln ein. 1942 wurde sie in Auschwitz ermordet. Ein Gedenkstein im Klostergarten erinnert an ukrainische Zwangsarbeiterinnen, die hier im März 1945 als Bombenopfer starben. Die Kirche ist nur zu Gottesdiensten geöffnet.

Ehem. Franziskanerkirche St. Marien (II F6): 1892–94 errichtete Karl Schellen einen neogotischen Backsteinbau, der jedoch 1943 massiv beschädigt wurde. Der 1951–52 entstandene Neubau von Emil Steffann hat einen L-förmigen Grundriss und ist damit eine Winkelhakenkirche. Der einstige Chorraum der Franziskaner steht im rechten Winkel zu dem neu gebauten Raum für die Gläubigen. Ungewöhnlich ist die Diagonalstellung des Altars, der wie ein Gelenk zwischen die beiden Flügel gesetzt ist. Maßwerkfenster und ein rosettenartiges Rundfenster sind eine Reminiszenz an den neogotischen Ursprungsbau. Von außen wirkt die Kirche mit dem markanten Pultdachturm und ihren gegeneinander gesetzten Baukörpern höchst dynamisch. Für den Bau wurden bewusst Trümmerzie-

St. Marien, die ehem. Franziskanerkirche mit ungewöhnlichem Grundriss

gel verwendet, die durch unregelmäßige Stellen im Mauerwerk wahrnehmbar sind – eine frühe Form der Nachhaltigkeit.

Das **Severinsviertel** zwischen Severinsbrücke, Bayenstraße, Ring und Ulrichgasse (II F/G6–7), »Vringsveedel« genannt, gilt als »urkölsches Veedel« (Viertel). Seine Achse ist die Severinstraße. Der südliche Teil des Quartiers bietet neben vielen Nachkriegsbauten noch originale Bauten des Spätklassizismus und Historismus, etwa in der Umgebung der Kirche St. Severin und in der Annostraße zwischen Rosen- und Corneliusstraße.

St. Gregorius im Elend, sog. Elendskirche (II G5–6): Der einstmals östlich der Severinstraße gelegene Elendenfriedhof war die letzte Ruhestätte sozialer Randfiguren, darunter Arme (Elende), Andersgläubige, Heimatlose und Fremde. Zu Letzteren gehörte auch die im 16. Jh. aus den Niederlanden geflüchtete katholische Familie von Groote, die sich später in Köln aufgrund wirtschaftlichen Erfolges sozial etablierte. Im 17. Jh. erwarb die Familie den Friedhof und ließ 1765–71 nach Plänen von Balthasar Spaeth durch Heinrich Nikolaus Krakamp die Elendskirche St. Gregorius errichten. Sie gehört noch heute einer Stiftung der Familie von Groote. Der Backsteinbau, dessen Walmdach ein graziler Dachreiter krönt, ist eine Saalkirche mit einem Stichkappengewölbe über ionischen Pilastern. Nach schweren Kriegszerstörungen waren nur die Außenmauern erhalten. 1952–67 erfolgte der Wiederaufbau durch Karl Band, bei dem von der Innenausstattung nur die drei Altäre rekonstruiert wurden. Über dem Eingangsportal an der Westfassade zeigt ein Relief von Friedrich Geiger eine Allegorie auf den Triumph des Todes: Ein mit einer Tiara gekröntes Skelett entsteigt einem offenen Sarg.

Haus Schneider-Wessling (Josephstr. 32, II F6): Der nur sechs Meter breite Sichtbetonbau, dessen Fassade fast gänzlich verglast ist, entstand 1973/74 nach Plänen von Erich Schneider-Wessling. Zweierlei ist ungewöhnlich an dem avantgardistisch-kühnen Bau, den der Architekt selbst bewohnte: Zum einen verfügt er über 13 Ebenen, die jeweils auf der Höhe eines halben Geschosses gegeneinander versetzt sind, zum zweiten ragen die Balkone und Terrassen weit über die Fassaden der Nachbarhäuser hinaus in den Straßenraum hinein, wodurch der Wohnraum ausgedehnt wird und das Haus einen markanten Akzent in die Häuserflucht setzt. Pergolen mit pflanzlichem Rankenwerk ergänzen das Bauwerk mit Natur.

Kartäuserkirche (II F7): Erst 1334 ließen die Kartäuser sich in der Geburtsstadt ihres 1101 verstorbenen Gründers, des hl. Bruno, nieder. 1365–93 entstand die Klosterkirche St. Barbara, eine siebenjochige, kreuzrippengewölbte Saalkirche mit Strebepfeilern, polygonalem Chor und einem Dachreiter. 1794 wurde die Kirche profaniert, das Kloster diente bis 1919 als

Lazarett. 1922 übernahm die Evangelische Gemeinde Kölns das Gotteshaus. Nach schweren Zerstörungen im Zweiten Weltkrieg rekonstruierte Georg Eberlein die Kirche bis 1953, ohne die Raumfassung des Barock wiederherzustellen. Das purifizierte Kirchenschiff entsprach der Vorstellung eines protestantischen Predigtraums. Klar und schlank wirkt der Innenraum mit seinem hoch angesetzten Kreuzrippengewölbe und den schmalen Maßwerkfenstern. Einem Seitenschiff ähnelnd begleiten drei erst 1923 miteinander verbundene Räume das Kirchenschiff: die Engelkapelle (1425), die Marienkapelle (1426/27) und die 1511 erbaute Neue Sakristei, heute Trau- und Taufkapelle. Die Gewölbe der **Engelkapelle** zieren florale Motive des 16. Jh.s. Eindrucksvolle Kunstfertigkeit zeigt das höchst sehenswerte Gewölbe der **Sakristei** mit seinen dynamisch miteinander verschlungenen Rippen. Gerhard Marcks schuf den Altar mit Kreuz und Leuchtern, das Taufbecken und die Kanzel.

Haus Balchem »Zum Goldenen Bären« (II F7) ist das einzige erhaltene Barockhaus des Severinsviertels. Ursprünglich eine Schmiede, ließ der Bierbrauer und Ratsherr Heinrich Deutz das Haus bis 1676 zur Gastwirtschaft »Zum Goldenen Bären« ausbauen. 1944 wurde es weitgehend zerstört und nach dem Krieg rekonstruiert. Mit seinem hohen EG samt kölntypisch eingehängtem Mezzanin, dem OG für Wohnzwecke und den darüberliegenden Geschossen für Warenlager entspricht das Gebäude noch dem Typus von Bürgerhäusern des Mittelalters. Die Gestaltung aber ist barock mit einem Erker und dessen verzierter Brüstung, den zwei den Eingang einfassende korinthische Säulen tragen, und dem dreifach abgesetzten Schweifgiebel. Für den Bau des Erkers bedurfte es einer Sondergenehmigung, die nur Patriziern gewährt wurde.

♦ **St. Severin** (II G7), benannt nach dem hl. Severin, dem dritten bekannten Bischof Kölns, ist eine spätgotische dreischiffige Basilika mit einem gotischen Westturm und einem salischen Langchor, dessen Apsis von Türmen flankiert wird. Die Gotik dominiert den Bau, doch außen fügen sich romanische Stilelemente harmonisch ein, wie Rundbogenfenster, Zwerggalerie und Bogenfries mit allerdings gotischer Formgebung, etwa Maßwerkfenstern und Strebepfeilern. Der Ursprungsbau entstand im 4. Jh. über einem römisch-frühchristlichen Gräberfeld. Im 9. Jh. ist hier ein Herrenstift bezeugt (1802 aufgelöst), 948 entstand eine dreischiffige Pfeilerbasilika mit Querflügeln, rechteckigem Ostchor und Westbau. 1030–43 wurden ein Langchor und eine dreischiffige Hallenkrypta angefügt. Ab 1220/30 wurde der Langchor eingewölbt und um eine polygonale, von zwei schlanken Türmen flankierte Apsis erweitert. Der gotische Umbau des Langhauses mit Netzgewölbe und Maßwerkfenstern dauerte bis zum 16. Jh. 1393–1411 wurde der romanische Westturm durch einen neuen Turm mit Maßwerkfenstern ersetzt. Mit diesem Turm verfügt in der Kölner Altstadt – abgesehen von den Domtürmen – nur St. Severin über einen wirklich gotischen Turm. Nach Zerstörungen im Zweiten Weltkrieg rekonstruierte Karl Band die Kirche 1947–61. Der Innenraum ist vorwiegend gotisch geprägt. Das netzgewölbte **Mittelschiff** und die kreuzrippengewölbten **Seitenschiffe** sind mit Maßwerkfenstern ausgestattet. Die staufische **Chorapsis** zeigt den Aufbau der Kölner »Etagenchöre« mit Nischen im EG und einem Laufgang im OG. Der **Mosaikboden** (wohl 12. Jh.) des spätromanischen Chors weist eine geometrische Struktur aus weißem und schwarzem Marmor auf. Die historische Mensa des 1237 geweihten **Hochaltars** versah Friedrich Wilhelm Mengelberg 1890–92 mit einer Mosaikverkleidung und Giebelreliefs. Dahinter steht der **Severinsschrein**, 1819 von Kaspar Benedikt und Sigismund August Beckenkamp als Ersatz für den 1795 während der Franzosenzeit eingeschmolzenen Goldschrein des 11. Jh.s geschaffen.

Die **Glasfenster des Chores** schufen Eduard Horst 1949 (Severinusfenster in der Scheitelnische) und Paul Weigmann 1986–89, darunter Darstellungen von Edith Stein und Adolf Kolping in den Rosettenfenstern. **Wandmalereien** des 13. Jh.s über dem Chorgestühl mit musizierenden Engeln stellte Theodor Winkel 1887 wieder her. Die Posaunen der Engel öffnen sich in Schalltöpfe aus Steinzeug, die man im Mittelalter zur Verbesserung der Akustik in die Wand einbaute. Der **Bilderzyklus** zur Severinslegende im Langchor mit 20 Gemälden (um 1500) stammt vom Meister der Ursulalegende oder aus seiner Werkstatt. Über dem Vierungsaltar hängt ein gotisches **Gabelkreuz** (um 1330/40), ein sog. Cruzifixus dolorosus (Leidenskruzifix). Die **Madonna** aus Kalkstein am nordwestlichen Vierungspfeiler entstand Ende des 13. Jh.s. Das **Abendmahlstriptychon** (um 1550) im südlichen Querarm von Barthel Bruyn d. Ä. setzt das Abendmahl sehr lebhaft in Szene. An den Außenwänden der Seitenschiffe sind **Epitaphien** (Gedenktafeln) des 16. und 17. Jh.s zu sehen. Über einen Raum unterhalb der nördlichen Chorkapelle gelangt man in die dreischiffige **Hauptkrypta** und von dort weiter in die Südkrypta und in eine Totenkapelle des 4. Jh.s mit Sarkophagen, den Ursprungsbau von St. Severin.

Annoriegel (II G7): In den Jahren 1870–1975 produzierte die Schokoladenfabrik Stollwerck im Severinsviertel, dann siedelte sie nach Köln-Westhoven um. Pläne, den größten Teil des Werksgeländes abzureißen, führten 1980 zu massiven Protesten und zur größten Hausbesetzung der Kölner Geschichte. Trotzdem wurde das Abrissvorhaben umgesetzt. In der Severinsmühlengasse ist noch ein Eckbau in einer Stilmischung aus Neogotik und -renaissance erhalten, ebenso wie der Annoriegel, dessen Inneres 1986/87 von der Planungsgruppe dt8 zu Wohnungen umgebaut wurde. Ein von dt8 neu errichteter Rundbau ergänzt den Annoriegel.

Bürgerhaus Stollwerck (II G6): In dem imposanten, 1895–1906 errichteten, backsteinverkleideten Eisenskelettbau mit seinen sechs Stockwerken war das Heeresproviantmagazin untergebracht. Später diente der Komplex der Bundespost als Lagerhaus. Blendfelder mit großen Segmentbogenfenstern gliedern die Fassaden. Die Eckrisalite mit erkerartigen Türmchen im oberen Geschoss verleihen dem Bau eine burgenartige Ausstrahlung. 1975 zog die Schokoladenfabrik Stollwerck aus dem benachbarten Fabrikgelände aus, wo sich danach eine alternative Kulturszene entwickelte. Für deren Aktivitäten ließ die Stadt das ehem. Militärgebäude 1985–87 von dem Architekturbüro BauCoop zum Bürgerhaus Stollwerck umbauen. In der Gebäudemitte wurde die Decke durch ein Glasdach ersetzt, so dass ein Lichthof entstand. Das Bürgerhaus bietet Räume für Jugend- und Seniorenarbeit, Veranstaltungen und Kunstausstellungen.

Rheinauhafen (II G/H5–6): 1847 wurde die Rheininsel Werthchen mit dem Rheinufer verbunden – so entstanden eine Halbinsel und ein Hafen. Unter dem Konkurrenzdruck anderer rheinischer Häfen wurde 1892–98 der etwa 2 km lange Rheinauhafen mit einem Zollhafen, Lagerhallen und Werften errichtet. 1970 verlegte man den Hafenbetrieb zum Niehler Hafen, und ab 2002 erfuhr das Gelände mit der Sanierung denkmalgeschützter Gebäude und mit Neubauten eine neue Gestaltung. Heute bietet es eine elegante Silhouette, zwischen deren langgestreckte Bauten mit einer reizvollen Vielfalt neuer Architektur immer wieder Kontrapunkte durch turmartige Vertikalbauten gesetzt sind:

Auf der Uferseite des Hafenbeckens steht das rot-grau verputzte **Kunsthaus Rhenania** (II G6). In dem 1926 als Getreidespeicher errichteten Gebäude arbeiten seit 1987 Künstler diverser Gattungen. Das **RheinauArtOffice** (2008; II G5–6) von Freigeber Architekten und Stephan Schütt wirkt mit seinen abgeschrägten und gerundeten Bauteilen dynamisch-elegant. Gegenüber dem Nordende der Halbinsel steht der 1855 von Karl Schnitzler erbaute **Malakoff-Turm** (II G5) am Holzmarkt.

Eine **Drehbrücke** (1896) führt hinüber auf die Halbinsel, zum 1896 von Georg Eberlein errichteten ehem. preußischen Hauptzollamt, das Fritz Eller 1992 mit markanten gläsernen Zusatzbauten zum **Schokoladenmuseum** umbaute (II G5; s. S. 185).

Südlich davon entstanden 1892–98 drei Zollhafenlagerhäuser nach Plänen von Bernhard Below: Die **Halle 10** wurde 1998/99 nach Plänen von Walter von Lom zum **Deutschen Sport & Olympia Museum** umgestaltet (II H5; s. S. 178). Danach quert die Severinsbrücke den Rheinauhafen (s. S. 102). **Halle 11** erhielt durch den Umbau 2007–09 durch JSWD Architekten zu einem Wohn- und Gewerbebau rheinseitig eine elegante Rasterfassade. Auf den historischen Bestand der **Halle 12** setzte Juan Pablo Molestina 2007–09 zwei gestaffelte Geschosse mit einer Haut aus goldfarbenem Stahlblech.

Nach Halle 11 folgen die drei **Kranhäuser** (II H6), 2006–10 nach Entwürfen von BRT Architekten Bothe Richter Teherani und Alfons Lister erbaut. Die Bauten orientieren sich an Hafenkränen; nach neun von insgesamt 18 Geschossen kragen zwei gewaltige Riegel rechtwinklig ohne Stütze in Richtung Rhein. Zwei der Kranhäuser sind Bürobauten, das dritte, balkonbestückte, beherbergt Eigentumswohnungen. Die höchst unkonventionellen Bauten setzen am Rheinufer kraftvolle Akzente.

Das neoromanische einstige **Hafenamt** (II H6) versah Adam Sesterhenn 1898 mit einem hoch aufragenden Uhrenturm. Die **wohnwer[f]t** (II H6) mit 72 Wohnungen, 2005 von Oxen + Römer und Partner errichtet, zeigt zum Rhein hin mit unterschiedlich gesetzten hellen Rahmungen der Fenster eine wohltuend geordnete und zugleich lebendige Fassade. Dahinter, in der zweiten Reihe (Anna-Schneider-Steig 10), steht das **Kontor 19** (II H7). Das Architekturbüro Gatermann + Schossig verkleidete das Gebäude 2006 mit Aluminiumpaneelen, die je nach Wetter und Tageszeit ein Farbenspiel in verschiedenen Tönen zeigen.

Der dreigeschossige, quadratische Unterbau des **Bayenturms** (II H7), einst südlicher Eckturm der Stadtmauer, entstand im 13. Jh., im 14. Jh. folgten die beiden achteckigen gotischen Obergeschosse. In historischen bildlichen Darstellungen erscheint der burgartige Wehrturm als Wahrzeichen Kölns (s. z. B. die Abbildung auf S. 14). Beim Abbruch der Stadtmauer 1881 blieb er verschont, nach schweren Beschädigungen im Zweiten Weltkrieg wurde er ab Ende der 1980er Jahre bis 1992 rekonstruiert. 1992–94 gestalteten Dörte Gatermann und Elmar Schossig das Innere des Turms neu. Seit 1994 beherbergt er die Stiftung FrauenMediaTurm mit einem feministischen Archiv und einem Dokumentationszentrum zur Frauenbewegung.

Die **mittelalterliche Stadtbefestigung** datiert auf die Jahrzehnte 1180–1260 und führte halbkreisförmig von Ufer zu Ufer um die Stadt. Sie diente deren Sicherheit und war zugleich Ausdruck städtischer Autonomie. Die Mauer aus Basalt, Tuff und Trachyt mit ihren zwölf Toren und 52 Wehrtürmen war mit ihrer Länge von fast 6 km damals die größte Stadtbefestigung nördlich der Alpen. Die zwölf Tore nahmen Bezug auf die zwölf Tore eines Himmlischen Jerusalems. In der preußischen Zeit umgab man die Mauer mit einer Kette von Forts (s. S. 135). 1880 kaufte die Stadt Köln dem Staat Preußen den inneren Festungsbereich ab, um sich zu erweitern. Ab 1881 wurde die Stadtmauer bis auf Restbestandteile abgebrochen. Erhalten sind nur einige wenige Tore. So das **Eigelsteintor** (II F1) aus dem 13. Jh. nahe dem Ebertplatz, ein mächtiger burgartiger Bau mit zwei flankierenden Türmen. Durch das **Hahnentor** (II D4; 13. Jh., s. S. 108) am Rudolfplatz zogen die deutschen Könige nach ihrer Krönung in Aachen in Köln ein. In der Nähe des Chlodwigplatzes steht das **Severinstor** (II G7; 13. Jh.), ein sechseckiger Turm, den zwei kleinere Türme flankieren. Östlich davon liegen ein Relikt der Stadtmauer und die **Bottmühle** (1678), ein viergeschossiger Rundturm. In 200 m Entfernung von der **Ulrepforte** (II F7; 13. Jh.), einem kleinen Stadttor, befindet sich am Sachsenring ein Mauerstück mit zwei Wehrtürmen aus dem 12. Jh. Ein 1378 bezeugtes Denkmalrelief an der Mauer, das an einen Konflikt zwischen den Kölnern und ihrem Erzbischof erinnert, ist möglicherweise das älteste deutsche Denkmal, das einem geschichtlichen Ereignis gewidmet ist. Am Gereonswall liegt ein weiterer Rest der Stadtmauer mit zwei Wehrtürmen, und hinter dem nördlichen Turm die **Gereonswindmühle** (14. Jh.), einer der 52 Türme der Stadtbefestigung. Weitere Relikte der mittelalterlichen Stadtbefestigung sind die **Weckschnapp** (Konrad-Adenauer-Ufer 69a; s. S. 91) und der **Bayenturm** (II H7).

Das sog. **Siebengebirge** (II H7), einst ein städtisches Lagerhaus, wurde 1908/09 nach Plänen von Hans Verbeek als Stück- und Schüttgut-Speicher errichtet. Das 177 m lange Gebäude war Kölns erster großer Stahlbetonskelettbau. Verbeek gelang es, dem gewaltigen Bauvolumen eine Gliederung zu verleihen, die es in die Silhouette der Kölner Altstadt integriert. Einen Mittelbau mit drei Giebeln säumen auf der Flussseite zwei niedrigere dreigieblige Bauten, auf der Stadtseite hat das Gebäude sieben Giebel (daher der Name). Das große Bauwerk changiert interessant zwischen Historismus und Moderne: Die hohen Giebel und die beiden von der Feuerwehr eingeforderten behelmten Treppentürme auf der Stadtseite stehen für einen romantisierenden Rückgriff, die ornamentlosen Fassaden mit querrechteckigen Fenstern signalisieren bereits die Moderne. Das Büro kister scheithauer gross architekten baute die Speicherzeile 2004–06 zu einem Wohngebäude um; dabei wurden größere Fenster eingesetzt.

Das 1938/39 errichtete turmähnliche **Silo 23** (Agrippinawerft 22) nebenan, ursprünglich ein nahezu fensterloser Bau mit Silotrichtern, wurde 2002–07 von denselben Architekten zu einem Bürogebäude mit Gastronomie im EG umgestaltet. Stadt- und Rheinfassade sind nun von großen, erkerartigen »Bay Windows«, die eine zusammenhängende Glasfläche bilden, geprägt.

Das **KAP am Südkai**, 2003/04 nach einem Entwurf von KSP Engel und Zimmermann Architekten erbaut, besteht aus einem zehngeschossigen Hochhaus und einem fünfgeschossigen Bau mit einem Staffelgeschoss, beide mit interessant gestalteten plastischen Fassaden.

Die **Südbrücke** (zwischen dem linksrheinischen Friedenspark und der Alfred-Schütte-Allee in Deutz) wurde 1906–10 von Fritz Beermann (Tragwerk) und Franz Schwechten (Torbauten) errichtet, für Eisenbahn-, Fußgänger- und Fahrradverkehr. Das als Bogensehnenträgerbrücke konstruierte Bauwerk ruht auf zwei Strompfeilern. Der westliche der beiden neoromanischen, allerdings kriegsbeschädigten Kopfbauten bietet bauplastische Elemente von Ernst Riegelmann.

Neustadt

Mitte des 19. Jh.s war die Stadt zu eng geworden. Ein Rayon (Schussfeld) vor der Stadtmauer musste frei bleiben, und erst als die Stadt 1881 dem preußischen Staat die 1816–63 erbauten Festungsanlagen abkaufte und die mittelalterliche Stadtmauer abriss, wurde eine Stadterweiterung um das Doppelte möglich. So entstand bis etwa 1905–10 nach Plänen von Josef Stübben und Karl Henrici die Neustadt, die sich halbkreisförmig von Rheinufer zu Rheinufer um die Altstadt legt. Sie erstreckt sich zwischen der Ringstraße um die Altstadt und dem in den 1920er Jahren angelegten Inneren Grüngürtel. Parks, Diagonalstraßen und Plätze strukturieren den Stadtbezirk. Ein Viertel der Bauten ging im Krieg verloren, ein weiteres Viertel in der Phase des Wiederaufbaus, als die Wertschätzung gegenüber gründerzeitlichen Bauten noch gering war. Gut erhalten sind die Quartiere um das Justizgebäude am Reichenspergerplatz, um den Neusser Platz, den Rathenauplatz und den Brüsseler Platz sowie das Viertel um die Alte Universität (Claudiusstraße).

Die 6 km lange **Ringstraße** (Karte II; Theodor-Heuss-Ring, Hansaring, Hohenzollernring, Salierring, Sachsenring, Ubierring) nach dem Vorbild Wiens ist die Hauptachse der Neustadt. Die Namen der Ringabschnitte stehen in chronologischer Reihenfolge von den Ubiern im Süden über die Salier bis zu Theodor Heuss (ehem. Deutscher Ring) im Norden für deutsche Geschichte. Der Ring wurde als prächtiger Boulevard mit großbürgerlichen Villen und repräsentativen öffentlichen Bauten angelegt. Charakteristische Häuser der Kaiserzeit sind etwa: Sachsenring 30, Hansaring 11 (s. S. 129) und Theodor-Heuss-Ring 10.

Von Norden nach Süden durch die Neustadt

Bastei (Konrad-Adenauer-Ufer 80): Auf den Stumpf eines preußischen Befestigungsturms setzte Wilhelm Riphahn 1924 ein avantgardistisches Gebäude. Das Panoramarestaurant ist ein Rundbau, dessen Plattform auf strahlenförmig angeordneten Stahlträgern liegt. Die Stahlkonstruktion ragt 8 m über den Turmstumpf hinaus und hat ein sternförmiges Dach, dessen gezackten Kanten die Fenster des Restaurants angepasst sind. Joachim Ringelnatz würdigte 1932 in einem Gedicht die abendlich erleuchteten Fenster: »Wie Perlenreihen und Geschmeid / Lichtern die Ufer am Rheine.« Auf dem Dach sitzt eine zum Innenraum hin offene Spitzhaube wie eine Reminiszenz an den früheren Turm. Die Bastei zeigt mit ihrem Zackendach noch eine Formgebung des Expressionismus, zugleich aber ist das ungewöhnliche Gebäude bereits ein Werk der Neuen Sachlichkeit.

Die **Villa Bestgen** (Theodor-Heuss-Ring 9) ist einer der wenigen reinen Jugendstilbauten in Köln. Der Putzbau mit Werksteingliederungen wurde 1903/04 von Gottfried Wehling und Alois Ludwig entworfen, einem Schüler des bedeutenden österreichischen Jugendstil-Architekten Otto Wagner. Die Fassade ist dramatisch inszeniert. Über dem Sandsteinsockel erhebt sich ein runder Vorbau mit hohen Fenstern; darüber liegt die Horizontale einer Loggia mit weitgespanntem Rundbogen. In den Giebel sind drei schmale, querrechteckige Fenster gesetzt. Auf den Hausecken thronen allegorische Skulpturen von Adolf Simatschek: rechts die *Hüterin des häuslichen Glücks* und links die *Herdflamme*. Diverse florale Jugendstilelemente zieren die Fassade.

Das **Haus Schierenberg** (Theodor-Heuss-Ring 10), erbaut von Alfred Müller-Grah 1893–95, zählt neben der Villa Bestgen zu den wenigen erhaltenen Häusern des Villenviertels am

Theodor-Heuss-Ring. Es hat eine aufwendig ornamentierte, neogotische Rotsandsteinfassade.

Das **Justizgebäude Reichensperger Platz** (Reichensperger Platz 1) wurde 1907–11 von Paul Thömer und Franz Ahrens erbaut und war damals das größte preußische Gerichtsgebäude. Der neobarocke Werksteinbau mit hellen Putzflächen umfasst einen ganzen Häuserblock und ist heute Sitz des Kölner Oberlandesgerichts, der Generalstaatsanwaltschaft und von Teilen des Amtsgerichts. Das Gebäude repräsentiert die Gerichtsbarkeit der Kaiserzeit mit einer geradezu schlossartigen Ausstrahlung. Den fünfgeschossigen Eingangsbau zentriert ein Mittelrisalit mit einem durch Kolossalsäulen gegliederten Portikus, in dessen Giebeldreieck Justitia thront, erstaunlicherweise ohne Augenbinde. Von dem Risalit schwingen Seitenflügel bis zu pavillonartigen Eckrisaliten aus. Die konkave Front bietet wie ein Schlossbau Raum für eine Art »Cour d'honneur«, einen Ehrenhof. So pompös wie eindrucksvoll ist das überkuppelte Haupttreppenhaus (es gibt sieben weitere Treppenhäuser) mit seinen symmetrischen Treppenläufen.

Das **Bürogebäude Neusser Straße 97–99** aus den Jahren 1993–95, von Heribert Wiesemann entworfen, ist eine Komposition aus drei Baukörpern. An der Neusser Straße steht ein weißer Putzbau mit von Pfeilern unterbrochenen regelmäßigen Fensterbändern. Der elegant geschwungene Klinkerbau an der Inneren Kanalstraße weist unterschiedlich gesetzte Fensterbänder auf. Ein verglastes Treppenhaus verknüpft die beiden Flügel und ragt mit einer runden Schmalseite über sie hinaus, dabei Erich Mendelsohn zitierend (etwa das Kaufhaus Petersdorff in Breslau). Flachdach, Putzfassade und Fensterbänder entstammen dem Formenrepertoire des Bauhauses.

St. Agnes (Neusser Platz 18) stiftete der Unternehmer Peter Joseph Roeckerath zum Andenken an seine verstorbene Frau Agnes. Der 80 m lange neogotische Bau, die zweitgrößte Kirche Kölns nach dem Dom, entstand 1896–1903 nach Plänen von Carl Rüdell und Richard Odenthal: eine dreischiffige Hallenkirche mit Querschiff und einem polygonalen Chor, der durch die Andeutung eines Kapellenkranzes gegliedert wird. Der Fassadenturm mit Vorhalle ist nach französischem Vorbild helmlos. Der Backsteinbau ist mit Tuffstein verkleidet, im Innern kontrastieren helle Putzflächen mit Pfeilern, Bögen und Maßwerk in rotem Sandstein. Die Verglasung der großen Fenster der Seitenschiffe stammt aus der Nachkriegszeit, die Chorfenster (*Offenbarung des Johannes*, 1989, und *Lobgesang der drei Jünglinge im Feuerofen*) schuf Wilhelm Buschulte. Historistische Teile der Ausstattung von 1902 sind Hochaltar, Taufbecken und Petrusaltar. Wilhelm Albermann gestaltete die *Madonna mit Kind* in der Marienkapelle. Nach der Kirche ist das Agnesviertel benannt.

St. Gertrud (Krefelder Str. 57): Wie eine gewaltige Skulptur wirkt die 1962–65 nach Plänen von Gottfried Böhm erbaute Einraumkirche. Der Wasch- und Sichtbetonbau mit einem schiefergedeckten Faltdach wurde in einer lediglich 62 m breiten Lücke zwischen Wohnhäusern errichtet, in einem leichten Bogen von der Straße zurückgesetzt. Aus der geschlossenen Fassade des Kirchenschiffs ragen drei spitzgiebelige, Türmen ähnelnde Bauteile heraus, die den Eingangsbereich sowie die Tauf- und die Sakramentskapelle bergen. Jeden Giebel öffnet ein sechseckiges Glasfenster mit floralen Formen von Gottfried Böhm. Der schlanke Turm ist mit einer kühnen Abschrägung zugespitzt. Im Innenraum auf polygonalem Grundriss liegt der Boden vier Stufen tiefer als ein Umgang, der zu den Kapellennischen und zum Chor führt. Eindrucksvoll ist die Gestaltung des Raumes. Der Baustoff Beton erlaubt eine Verschmelzung von Wänden und Decke, deren diverse Flächen mit ihren unterschiedlichen geometrischen Formen dynamisch gegeneinander gefaltet und geknickt sind. Fast die gesamte Ausstattung hat Böhm gestaltet: Altar, Kanzel, Taufbecken, Tabernakel und Beichtstühle. Fritz Hans Lauten schuf 1968 das Fenster links der Orgel, alle übrigen Fenster entwarf der Architekt. Von Robert Hieronymi stammt das Gemälde *Himmelfahrt Christi* (1912). In der Sakramentskapelle steht eine spätgotische Holzfigur der hl. Gertrud von Nivelles mit ihrem Äbtissinnenstab und drei Mäusen (sie gilt als Helferin gegen Mäuse). Die Kirche wird seit einigen Jahren unter dem Namen »sankt gertrud: kirche + kultur« vorwiegend für kulturelle Veranstaltungen wie etwa Kunstausstellungen genutzt.

♦ **Hansahochhaus** (II E1): Köln war einst Mitglied der Hanse – daran erinnern Straßen- und Gebäudename. 1924/25 errichtete Jacob Koerfer mit dem 65 m hohen Bauwerk das damals höchste Haus Europas, ein bauliches Beispiel für Kölns Aufbruch in die Moderne. Das Gebäude, ein 18-geschossiger Turm, der mit einem siebengeschossigen Horizontalbau verbunden ist, weist diverse Details auf, die noch eine expressionistische und traditionelle Ästhetik intonieren. Der Stahlbetonskelettbau ist mit Backstein verblendet, die Fenster umrahmt heller Naturstein, das EG präsentiert dreieckige Fensterstürze und in die zurückgesetzten Obergeschosse sind Spitzbogenfenster gesetzt. Diagonale Eckvorlagen rahmen den Turm, und Keramikskulpturen im Stil des Art déco (Menschen- und Tierköpfe von Franz Albermann und Joseph Pabst) zieren die Fassade. Insgesamt aber strahlt der Bau mit seinen Flachdächern, der Klarheit seiner Fassadengestaltung und dem kühn aufragenden Hochhaus entschiedene Modernität aus und weist bereits in die Neue Sachlichkeit.

Hansa-Gymnasium (Hansaring 56, II E1): Der neogotische Bau wurde 1898/99 als Handelsschule errichtet; ab 1901 Handelshochschule. Der Mittelrisalit mit seinen Maßwerkfenstern und den Bögen des dreiteiligen Portals wirkt höchst repräsentativ. Die Skulpturen an der Fassade des 1. OG zeigen Männer

Kölns Aufbruch in die Moderne: das Hansahochaus im Jahr 1925

der Wirtschaft. Ganz links ist Friedrich Carl Heimann zu sehen, nach dessen Entwurf das Gebäude errichtet wurde.

Mediapark (II D/E1): Auf dem Gelände des stillgelegten Güterbahnhofs Gereon entstand ab 1990 dieses neue Stadtquartier für Medienunternehmen. Teils trapezförmige Bauten sind tortenstückartig um einen halbkreisförmigen Platz mit dem amphitheaterartig zentrierten **Starpit-Brunnen** von Otto Piene und Eberhard H. Zeidler angeordnet. Gegenüber dem Rund der sechs den Platz säumenden Bauten liegt ein künstlicher See, den eine Stahlfachwerkbrücke überquert. Hinter den Bauten erstreckt sich der **August-Sander-Park**, den eine 1994 von Verena Dietrich entworfene Brücke mit dem Inneren Grüngürtel verbindet. Mit größter Leichtigkeit überspannt das filigran-elegante Bauwerk mit seinen raffinierten Abschrägungen eine Eisenbahntrasse. Der 148 m hohe **Kölnturm** (Im Mediapark 8), ein radikales vertikales Statement und der beherrschende Bau des Mediaparks, entstand 2001 nach Plänen von Jean Nouvel und Christian Kohl. Unterschiedliche Lichteinstrahlung verändert die im Siebdruckverfahren auf die Fassade aufgebrachten Motive des Kölner Doms und der Altstadt. Eine Lichtinstallation von Heinz Mack erleuchtet nachts die oberen Geschosse. Zentrum des **Cinedoms** (Im Mediapark 1), eines 1990/91 von Eberhard H. Zeidler erbauten Kinocenters, ist eine gewaltige Eckrotunde mit flacher Kuppel. Das **Umspannwerk** (Im Mediapark 16), 1990–92 nach einem Entwurf von Kraemer, Sieverts & Partner und Sandro Graf von Einsiedel errichtet, wird durch drei Abzugshauben akzentuiert, auf denen holografische Elemente des Künstlers Hingstmartin wechselnde Lichteffekte inszenieren. Das **KOMED-Haus** (Im Mediapark 7) auf V-förmigem Grundriss, 1996 von Kister Scheithauer Gross Architekten erbaut, hat eine komplexe bauliche Gestalt. Filigran-leicht ist seine dem Platz zugewandte, schmale Glasfassade. Der Komplex **Im Mediapark 4**, 2003 nach Plänen von Herman Hertzberger errichtet, besteht aus fünf Gebäuden mit halbkreisförmigem Grundriss, deren Rundungen auf einen Platz im Innern ausgerichtet sind.

Das **Haus Hansaring 11** (II D1) ist ein markanter Neorenaissancebau, der 1887/88 nach Plänen von Georg Eberlein entstand: ein mit Tuff und Basaltlava verkleideter Backsteinbau, der lebhaft und abwechslungsreich wirkt. Über dem EG mit Rundbogenfenstern prägt ein polygonaler Erker das 1. OG, zwei Blendfenster mit Sgrafitto-Figuren schmücken das 3. OG. Sie zeigen Hausfrau und Handwerker als Typen der bürgerlichen Gesellschaft.

Fernmeldeturm (II C1): Das Stahlbetongebäude, seit einem Namenswettbewerb »Colonius« genannt, wurde 1978–81 nach Plänen von Erwin Heinle und Fritz Leonhardt als Fernseh- und Radio-Sendeturm errichtet. Die beiden Architekten hatten 1956 in Stuttgart den weltweit ersten Fernsehturm aus Stahlbeton gebaut. Mit 266 m Höhe ist das Kölner Exemplar rund 110 m höher als der Dom. Das Stahlbetonrohr verjüngt sich vom Boden bis zur Betonspitze von 15 m auf 5 m, was dem Turm Eleganz verleiht. Seit 1999 ist er nur noch Fernmeldeturm.

Neu-St. Alban (II C1–2) wurde errichtet, als Alt-St. Alban in der Altstadt (s. S. 65) nach starker Kriegszerstörung in den Gürzenich integriert wurde. Die neue Kirche erstand nach Plänen von Hans Schilling 1957–59 aus Abbruchziegeln der alten Oper. Der Grundriss ist fünfeckig mit einem parabolischen Chor. Das Dach des mächtigen Backsteinbaus fällt zunächst bis zu einem Knick ab, um danach wieder steil anzusteigen, bis zum Rand der Apsis, die wie ein Schiffsbug emporragt. Anstelle eines Glockenturms ist lediglich eine kleine Glocke an der Westwand angebracht. Die farbigen Fenster von Franz Pauli sind ohne eine strenge Regelmäßigkeit sehr frei verteilt in das Mauerwerk eingesetzt, was ebenso wie das Dach an die

1955 von Le Corbusier erbaute Wallfahrtskapelle in Ronchamp erinnert. Der Innenraum mit seinen unverputzten Ziegelwänden hat eine holzverschalte Decke und steigt bis zum Altarraum auf 18 m Höhe an. Durch den spärlichen Lichteinfall herrscht in dem hohen Raum eine verdichtete, mystische Atmosphäre. Altar und Tabernakel wurden getrennt aufgestellt, noch bevor das Zweite Vatikanische Konzil dies erlaubte: Der Tabernakel von Elmar Hillebrand steht in der Sakramentskapelle. Auch die an die Gemeinde angenäherte Position des Altars nimmt die Liturgiereform des Zweiten Vatikanums vorweg. Aus Alt-St. Alban stammen das bronzene Taufbecken von 1642 in der Taufkrypta, die Apostelstatuetten an der Orgelempore (1. H. 15. Jh.) und die Pietà (um 1420). Das Gemmenkreuz über dem Altar schuf Lioba Munz 1958.

◆ **Christuskirche** (II C/D2): Der Vorgängerbau aus den Jahren 1891–94 demonstrierte als drittes evangelisches Gotteshaus im Kölner Stadtgebiet protestantisches Selbstbewusstsein. August Hartel und Skjøld Neckelmann entwarfen ihn als auf die Ringstraße ausgerichteten Point de vue, Heinrich Wiethase und Arthur Eberhard erbauten ihn. Nach Kriegszerstörungen waren nur die Orgelempore, der Gewölbekeller und der Turm mit seinem steilen Helm erhalten. 1951 wurde eine einfache Saalkirche errichtet, die allerdings 2016 ein Neubau von Klaus Hollenbeck Architektur und Maier Architekten ersetzte. Das neue Kirchenschiff hat eine Fassade aus Cortenstahl mit eingeschnittenen kleinen Kreuzen, deren rostige Oberfläche eine markante Ausstrahlung hat. Im Innern bilden geneigte Wände und Decken einen aufregend verkanteten Raum. Das Rosettenfenster gestaltete David Schnell 2018. Turm und Kirchenschiff flankieren zwei hell verputzte, schmale Bauten mit Wohnungen und Gewerberäumen, so dass eine ganz aus dem Rahmen fallende sakral-profane Gesamtanlage entstanden ist. Die geschlossenen Hauswände zur Spichern-

Kühne, schräge Architektur: die Christuskirche mit Wohnhäusern

straße hin haben keine planen Flächen, sondern sind in ganz ungewöhnlicher Weise geschwungen-verdreht.

Gerling Ring-Karree (II D3): Bevor der Versicherungskonzern Gerling 2006 von einem anderen Versicherer übernommen wurde, entstand 1999–2001 nach Plänen von Norman Foster, in Deutschland durch den Umbau des Reichstages in Berlin bekannt, dieser Baukomplex mit Büros, Läden, Bars und Wohnungen. Drei Türme mit elf, 14 und 16 Geschossen werden von zwei sechs- bzw. siebengeschossigen Seitenflügeln flankiert. Stahl und Glas prägen die Fassaden, eine Werksteinverblendung aus fränkischem Trosselfels nimmt Bezug auf die anderen Gerling-Bauten der 1930er, 1950er und 1960er Jahre (s. S. 88) am Gereonshof ganz in der Nähe.

Filmpalast, heute Cineplex Filmpalast Köln (Hohenzollernring 22–24, II D3): Bei seiner Eröffnung 1931 war der UFA-

Filmpalast absolut avantgardistische Architektur. Wilhelm Riphahn und Caspar Maria Grod entwarfen den siebengeschossigen Bau mit einem Vordach über dem Eingang, Flachdach, Fensterbändern und zwei zurückgesetzten Mezzaningeschossen. Mit einem 3000 Zuschauer fassenden Saal war das Kölner Kino das größte Westdeutschlands. Heute birgt der Bau acht Säle mit insgesamt 1400 Plätzen.

Haus Gruhl (Brüsseler Str. 38, II C4): Hartmut Gruhl hat mit dem sechsgeschossigen Haus 1990 verspielten Dekonstruktivismus wirkungsvoll zwischen brave Nachbarfassaden eingefügt. Die ersten vier Geschosse mit Sprossenfenstern signalisieren konventionelle Modernität, doch die beiden Geschosse darüber wirken wie eingestürzt und in diesem Zustand erstarrt: Sie liegen dekorativ quer. Vor dem Eingang kreuzen sich sperrige Stangen.

◆ Das **Museum für Ostasiatische Kunst** (II B4) am Ufer des Aachener Weihers wurde 1973–77 nach Plänen des japanischen Architekten Kunio Mayekawa erbaut, der Ende der 1920er Jahre bei Le Corbusier studiert hatte. Der Bau ist mit in Japan gebrannten braunen Steinzeugfliesen verschalt. Mayekawa war die Verknüpfung des Gebäudes mit gärtnerisch-landschaftlichen Elementen wichtig. Der Komplex aus miteinander verschränkten, vorwiegend eingeschossigen Flachdachbauten umgibt einen Innenhof, den der japanische Bildhauer Masayuki Nagare als japanischen Garten gestaltet hat. Der Aachener Weiher wurde für das Museum um ein Bassin erweitert, an dem die Außenterrasse des Museums liegt. Auf einer kleinen Insel im Wasser steht die Skulptur *Fahne im Wind*, die Nagare 1980 schuf. Zur Sammlung s. S. 181.

Die neoromanische **Synagoge** (II C5) wurde 1895–99 nach Plänen von Emil Schreiterer und Bernhard Below errichtet. In der Reichspogromnacht des 9. November 1938 wurde sie wie die anderen fünf Kölner Synagogen durch die Nationalsozialisten verwüstet und in Teilen zerstört. Nach weiteren Kriegsbeschädigungen baute Helmut Goldschmidt sie 1958/59 vereinfacht wieder auf. Zwei viergeschossige Bauten flankieren das Hauptgebäude, dessen dreibogiges Portal ursprünglich als Hauptportal fungierte. Den Giebel darüber dominiert eine Fensterrosette.

Stadtarchiv, offiziell **Historisches Archiv der Stadt Köln** (II C7): Der Neubau von 2017–20 (Waechter + Waechter Architekten) beherbergt auch das Rheinische Bildarchiv (zu den beiden Archiven sowie zum Einsturz des Vorgängerbaus s. S. 179 und 184). Im sechsgeschossigen Magazingebäude, einem fensterlosen, dunklen Kubus, lagern die Archivalien. Diesen mit Baubronze verkleideten Kernbau mit seinen neun Klimazonen umgibt wie ein Rahmen ein dreigeschossiger, rechteckiger Flachdachbau, der mit schmalen, hohen Fenstern, ebenfalls in baubronzener Fassung, offen gestaltet ist und in dem Arbeitsräume, Werkstätten und der Lesesaal untergebracht sind. Zwischen dem Magazin und den beiden Schmalseiten des Mantelbaus liegen Innenhöfe.

Das **Bürogebäude am Sachsenring 91** (II E6) entstand 1955–57 nach einem Entwurf von Egon Eiermann (im Nationalsozialismus hatte er Fabrikgebäude in modern-funktionalistischem Stil entworfen, war in der Nachkriegszeit aber einer der bedeutendsten deutschen Architekten – bekannt ist er durch die Kaiser-Wilhelm-Gedächtniskirche in Berlin, 1963, und diverse, mit sog. »Horten-Kacheln« verkleidete Kaufhausbauten). Der langgestreckte, fünfgeschossige Flachdachbau ist mit quadratischen, schwarzen Steinzeugplatten verkleidet. Die hochrechteckigen Fenster sind eng nebeneinandergesetzt. Der Kontrast zwischen der schwarzen Fassade und den weißen Fensterrahmen verleiht dem Gebäude Eleganz.

Das **Institut Français** (Sachsenring 77, II E6) wurde 1951–53 nach Plänen von Wilhelm Riphahn errichtet: Der ein- bis zweigeschossige Bau mit kleiner Grünanlage zeigt die neue, leichte Architektur der Nachkriegszeit. Ein Vordach aus Stahlbetonbalken verleiht dem Eingang einen markanten Akzent.

Ehem. Rautenstrauch-Joest-Museum (Ubierring 45, II H7): Edwin Crones entwarf den 1904–06 errichteten neobarocken Bau. Seinen leicht hervortretenden Mittelrisalit krönt ein Dreiecksgiebel; die beiden Seitenrisalite ragen deutlich aus der Fassade heraus. Drei Köpfe über den Blindfenstern des 1. OG zeigen Menschen aus außereuropäischen Kulturen, denn das Gebäude war bis 2007 ein ethnologisches Museum. Weil dessen Sammlung von ursprünglich 3500 auf 60 000 Objekte angewachsen und das Haus damit zu klein geworden war, zog es in einen Neubau in der Cäcilienstraße 29–33 um (s. S. 106). Heute wird das Gebäude als Schule genutzt.

Alte Universität, heute Teil der Technischen Hochschule Köln (II H8): Das Gebäude wurde 1905–07 von Ernst Friedrich Vetterlin für die 1901 gegründete Handelshochschule errichtet. 1919 zog die Kölner Universität ein (sie war 1388 gegründet, 1798 in der Zeit der französischen Herrschaft geschlossen und erst 1919 neugegründet worden; s. S. 143). 1934–45 war der Bau Sitz des Leiters des Gaues Köln-Aachen. Der neobarocke, schlossähnliche Gebäudekomplex, eine Vierflügelanlage mit einem Mittelrisalit und zwei Seitenrisaliten, hat einen Ehrenhof und ein weiträumiges Haupttreppenhaus. An der Claudiusstraße liegt der repräsentative Eingang. Der **Friedenspark** (Agrippinaufer, Oberländer Wall, Alteburger Straße), bis 1985 Hindenburgpark, ist ein Teil des Inneren Grüngürtels. 1816–46 entstand etwa 500 m vor der Stadtmauer der innere Festungsring der preußischen Befestigungsanlagen. 1830 wurde die »Rheinschanze« mit einem Reduit (Rückzugswerk; es existiert bis heute) errichtet und 1841–47 von Heinrich Ferdinand Schuberth zum **Fort I** umgebaut. Weil ein Fort modernen Waffen nicht mehr standhalten konnte, gab man es 1911 auf, und der Kölner Gartendirektor Fritz Encke erhielt 1914 den Auftrag, hier eine Gartenanlage zu gestalten. Er integrierte die Festungsanlage in seinen Park: Aus Gräben und Wällen wurden Wege, Rasenflächen und Terrassen. Das Fort spiegelt Geschichte: Es war nacheinander Mensa, Flugabwehrstellung, Außenstelle des Kölner Finanzamts, Gartenamt und ist heute ein Jugendzentrum. Ein **Kriegerdenkmal** für die Gefallenen des Ersten Weltkriegs mit einer aus Kanonen gefertigten Adler-Plastik von Georg Grasegger erbaute 1927 Otto Scheib.

Preußische Festungsanlagen: 1815 wurde Köln preußisch und ab 1816 zur größten deutschen Festungsstadt ausgebaut, deren Bollwerke sich gegen Frankreich richteten. Bis 1863 wurde der **innere Festungsring** mit 15 Forts errichtet, linksrheinisch in 500 m Entfernung von der mittelalterlichen Stadtmauer, aber ebenso rechtsrheinisch. 1000 m vor den Forts lagen die Rayons, Schussfelder, in denen nur sehr begrenzt eine Bebauung erlaubt war. 1873–81 wurde der Festungsring weiter vorgeschoben: Der **äußere Festungsring** mit zwölf Forts entstand, 5,6–7,7 km vom Dom entfernt. Die Forts waren durch die Militärringstraße miteinander verknüpft. 1881 erwarb die Stadt Köln die preußischen Stadtbefestigungen des inneren Festungsgürtels. Nun war, erstmals seit 1179, endlich eine (vierte) Stadterweiterung möglich: Die Neustadt entstand. Ab 1919 mussten die Festungsbauwerke gemäß dem Versailler Vertrag geschleift werden, doch zehn der Forts sind erhalten, etwa **Fort I**, **Fort IV** und **Fort X**. Die klassizistischen Backsteinbauten bestanden aus einem beschusssicheren Kernwerk und einem Graben, dahinter lagen äußere Gebäude, die ein weiterer Graben umschloss.

Ausgewählte weitere Ziele links des Rheins

Rodenkirchen

Siedlung Zollstock (zwischen Zollstockgürtel, Höniger Weg, Zollstocksweg und Vorgebirgstraße): Die 1927–30 von der GAG (Gemeinnützige AG für Wohnungsbau) errichtete Siedlung im gleichnamigen Stadtteil Zollstock (der Name, der ab 1881 belegt ist, geht auf ein Zollhaus zurück) ist ein hervorragendes Beispiel für den sozialen Wohnungsbau der Weimarer Republik. Geplant für Beamte und Angestellte, zeigt sie stilistische Vielfalt, wenngleich die Gebäude diverser Architekten gemeinsam haben, dass sie Blockrandbauten mit vier Geschossen sind. Der mittlere Teil, der einen geräumigen Innenhof umschließt, wurde von Wilhelm Riphahn und Caspar Maria Grod im Stil des Neuen Bauens errichtet. Putzbauten mit Flachdächern und zurückgesetztem OG bieten Terrassen und Dachgärten. Ladenlokale und markante Kopfbauten (z. B. Ecke Walberberger Straße / Höninger Weg von Manfred Faber) setzen Akzente. Die Randzonen sind traditioneller gestaltet, mit Satteldächern und expressionistischen Elementen. Die dortigen Bauten stammen von Manfred Faber und Franz Seuffert (Höniger Weg) und von Theodor Merrill und Emil Mewes (Vorgebirgstraße).

Die **Großmarkthalle** (Marktstr. 10) im Stadtteil Raderberg wurde 1936–40 auf einem mittelalterlichen Judenfriedhof, dem »Judenbüchel« errichtet, den man erst 1922 wiederentdeckt hatte. Der Ort wurde auch »Am Toten Juden« genannt. Die Nationalsozialisten hatten selbstverständlich keine Skrupel, hier zu bauen. Theodor Teichen und Ulrich Finsterwalder orientierten sich weder am Heimatstil noch am Neoklassizismus des Nationalsozialismus, sondern gestalteten einen funktionalistischen

Bau im Stil der Neuen Sachlichkeit – eine damals bei Industriebauten häufig anzutreffende Praxis. Die parabolische Betonschalenkonstruktion liegt auf Stahlbeton- Bogenbindern. Die Nordseite des Tonnengewölbes öffnet sich zu zwei stufenartig übereinanderliegenden Fensterfronten, deren bogenförmige Dächer aus dem Dach des 132 m langen Hallenbaus herauswachsen. Die Giebelfronten der Halle sind ebenso wie die Fensterfronten durch schlanke, vertikale Pfeiler gegliedert, über dem Eingang ist eine Wanduhr angebracht. Das Innere wirkt durch die Bögen der frei sichtbaren Stahlbetonbinder dynamisch.

Cologne Oval Offices (Gustav-Heinemann-Ufer 72–74): ◆ Der 2008–10 von Sauerbruch Hutton Architekten errichtete Bürokomplex im Stadtteil Bayenthal zieht durch eine organoide Form und eine ungewöhnliche Farbigkeit Aufmerksamkeit auf sich. Zwei in ihrer Form an Amöben erinnernde Gebäude umschließen jeweils einen ovalen Hof. Sie sind in gestaffelter Bauweise gestaltet, der rheinseitige Bau mit fünf bzw. sieben Geschossen, der andere mit vier bzw. sechs Geschossen. Blickoffene, farbige Glasklappläden, die per Hand oder automatisch gesteuert werden können, regeln den Einfall des Lichts in die rund 2500 Fenster. Die Sonnenschutzelemente des rheinwärts gelegenen Baus sind in sieben Rottönen, die für Herbstlaub stehen, gehalten; die Klappläden des anderen Baus inszenieren mit sieben Grüntönen sommerliches Laub. Je nachdem, ob die Elemente geöffnet oder geschlossen sind, verändert sich die Ausstrahlung des Bürohauses.

Hochwasserpumpwerk Schönhauser Straße: Das seit 2008 bestehende Pumpwerk im Stadtteil Bayenthal soll Abwasser aus Kläranlagen und Regenwasser bei Hochwasser in den Rhein ableiten. Die sechs unterirdischen Pumpen schaffen maximal 3500 Liter pro Sekunde. Die Steuerungstechnik liegt oberirdisch. Wichtig war dem Architekturbüro Kaspar Kraemer die Einbindung des Pumpwerks in die Landschaft des Rheinufers. Eine befahrbare Rampe ist mit Gras überwachsen, die Mauer am Rhein mit Basaltstein verkleidet, ein am Rheinufer häufig verwendetes Material. Den markanten Kubus des Hochbaus ummantelt ein Gitterrost. Nachts zeigt eine farbige Beleuchtung an dem Quader den Rheinpegel an: Blau und Grün stehen für einen normalen Wasserstand, Gelb kennzeichnet einen erhöhten Pegel, und Rot zeigt Hochwasser an.

Legal/Illegal (Goltsteinstr. 110): Es war eine Gratwanderung, für diesen zwischen zwei konventionelle Häuser im Stadtteil Bayenthal eingefügten Bau eine Genehmigung zu erhalten – daher der eigenartige Name. Eine ehem., 5,50 m breite und 25 m lange Lagerhalle mit einer denkmalgeschützten eingeschossigen Fassade erhielt 2003 einen höchst ungewöhnlichen Aufbau nach einem Entwurf von Manuel Herz. Über dem historistischen Torbogen erhebt sich eine mit knallrotem Polyurethan beschichtete Fassade, ein aufregender Fremdkörper mit markant betonten Fenstern und einem kantig-schräg hervortretenden Fassadenteil. Entstanden sind ein Büro und zwei darüberliegende Wohnungen.

Bismarcksäule (Ecke Bayenthalgürtel / Gustav-Heinemann-Ufer): Nach Bismarcks Tod 1898 fand seine Verehrung konkreten Ausdruck in einer Bismarckdenkmal-Bewegung – weltweit wurden 240 Bismarcktürme bzw. -säulen errichtet, von denen in Deutschland 146 erhalten sind. Die Deutsche Studentenschaft hatte zum Bau solcher Strukturen aufgerufen. Die Türme sind stets abstrakt gestaltet, reine Architektur, Bismarck selbst ist gar nicht abgebildet. Die Kölner Bismarcksäule im Stadtteil Marienburg ist eine Ausnahme und eigentlich eine Mischung aus Denkmal und Turm: Das 27 m hohe, bizarre Bauwerk aus Basaltlava und Grauwacke schuf 1902–03 Arnold Hartmann gemeinsam mit dem Bildhauer Adolf Berchem. Nach Art der Rolandsäulen ist Bismarck als

Das Wohnhaus Legal/Illegal setzt sich selbstbewusst gegen seine Umgebung durch.

Ritter in einer Rüstung mit Helm und mit den Fäusten auf einem Schild, das den bekrönten Reichsadler zeigt, dargestellt. Er ist so zum Hüter des Rheins und des Deutschen Reiches insgesamt stilisiert.

Funkhaus Köln des Deutschlandradios für die Programme Deutschlandfunk und Deutschlandfunk Nova (Raderberggürtel 40): 1974–78 errichteten Gerhard Weber und Partner im Stadtteil Marienburg das Hängehochhaus als Kölner Sitz des Deutschlandradios (der zweite Sitz befindet sich in Berlin). Über einem dreigeschossigen Sockel erhebt sich ein 102 m hoher, quadratischer Gebäudekern aus Stahlbeton, an dessen oberen Ecken zwölf markante Schräghänger aus Stahl angebracht sind, jeweils drei an einer Ecke. An dieser Konstruktion hängt der 16-geschossige Bau mit seinen umlaufenden Fensterbändern. Unter dem untersten Geschoss, 10 m über dem Sockel, zeigt sich wieder der Betonkern, wodurch das Gebäude etwas Schwebendes bekommt.

Die **Villenkolonie Marienburg** ist ein klassisches großstädtisches Villenviertel mit aufwendigen, repräsentativen Bauten vor allem aus dem ersten Drittel des 20. Jh.s. Darunter z. B.: das Haus Oppenheim (1924, Pferdmengesstr. 3) von Theodor Merrill; das Haus Herstatt (1923, Goethestr. 67) von Paul Bonatz; das Haus Weiß (1923, Mehlemer Str. 33) von Martin Elsässer; und das Haus Neven DuMont (1914, Parkstr. 5) von Paul Pott. Das Haus Böhm (1932, Auf dem Römerberg 25) von Dominikus Böhm ist von feiner Schlichtheit. Ein dynamisches Gegeneinander von Bauteilen zeichnet das Haus Schmölz-Huth (1958, Am Südpark 45) von Hans Schilling aus. Die **ehem. Galerie Gmurzynska** (Goethestr. 65a) wurde 1988–91 nach Plänen von Diener & Diener errichtet: Zwei miteinander verbundene Quader unterschiedlicher Höhe liegen auf einem Backsteinsockel. Der Betonbau ist mit Zedernholzwänden in kräftigem Rot verkleidet; über dem Eingang hebt sich ein rechteckiges Feld von der übrigen Fassade ab. Das Gebäude kontrastiert deutlich mit den gediegen-großbürgerlichen Häusern seiner Umgebung.

St. Maria Königin (Goethestr. 84) im Stadtteil Marienburg, 1953/54 erbaut, ist das letzte Werk des bedeutenden Kirchenbauers Dominikus Böhm: ein mit Backstein verblendeter Stahlbetonbau mit flachem Zeltdach. Dieses hat einen biblischen Bezug: In der Offenbarung des Johannes ist von einem »Zelt Gottes unter den Menschen« die Rede. Der Innenraum weist eine ungewöhnliche Deckenkonstruktion auf: Vier grazile rote Stahlstützen, gleichsam Zeltstangen, tragen die Decke; aus ihrer Mitte ist ein erhöhtes Rechteck ausgeschnitten, das dem Raum Leichtigkeit verleiht.

Die **Rodenkirchener Brücke** zwischen dem Heinrich-Lübke-Ufer und dem Weidenweg im rechtsrheinischen Stadtteil Poll wurde 1938–41 nach Plänen von Paul Bonatz, Fritz Leonhardt und Karl Schaechterle errichtet, als erste »echte«, weil erdverbundene Hängebrücke Kölns – die bereits 1915 errichtete erste Deutzer Brücke galt als »unechte« Hängebrücke, weil sie nicht boden-, sondern selbstverankert war. Damals »Adolf-Hitler-Brücke« genannt, war die Rodenkirchener Brücke mit einer Spannweite von 378 m und einer Länge von 567 m die größte Hängebrücke Europas und als Teil der Reichsautobahn und erste Autobahnbrücke über den Rhein ein nationalsozialistischer Prestigebau. Die versteifte Kabelhängebrücke hatte ursprünglich nur zwei Pylone, die durch Querbalken einen turmartigen Charakter erhielten. Sie hat eine funktional-konstruktivistische Ausstrahlung, die Widerlager mit ihrer Muschelkalkverkleidung dagegen weisen die monumentalistische Ästhetik des Nationalsozialismus auf.

Wohnhäuser der Neuen Sachlichkeit (Im Park, Walther-Rathenau-Straße): Das kleine Geviert am Rhein bietet sehenswerte Villen des Neuen Bauens, darunter das Haus Im Park 2 von Hans Schumacher und das Haus Im Park 8, ebenfalls von

Schumacher, das in schiffsähnlicher Formgebung bis zum Rhein, zur Straße Am Ufer, reicht. Die Häuser Walther-Rathenau-Straße 27 und 29 entwarf Joseph Op Gen Orth.

Lindenthal

Der **Melatenfriedhof** (II A3) ist Kölns Zentralfriedhof. Köln war ab 1801 eine französische Stadt, somit galt hier ein von Napoleon erlassenes Dekret von 1804, das Begräbnisse innerhalb von Ortschaften aus hygienischen Gründen verbot. Daher legte die Stadtverwaltung 1810 damals außerhalb Kölns auf dem Gelände des ehem. Leprosenhauses zu Melaten (frz. *malade* = krank) einen Friedhof an. Ferdinand Franz Wallraf gestaltete ihn mit einem geometrischen Wegesystem. Für den Haupteingang in der Piusstraße entwarf er ein ägyptisierendes **Portal** mit der Inschrift »FUNERIBUS AGRIPPINENSIUM SACER LOCUS« (Heiliger Ort für die Toten Kölns). Die Leprosenkapelle **St. Maria Magdalena und Lazarus** entstand bereits 1474 und dient bis heute als Friedhofskapelle. Ein Vorgängerbau war 1245 vor dem Kölner Dom entstanden. 1884/85 erweiterte man den Friedhof, wiederum in geometrischer Form. Ein **Jugendstil-Pförtnerhäuschen** schuf Friedrich Carl Heimann 1901/02. Heinrich Wiethase erbaute 1880/81 die alte neoromanische Trauerhalle. Eine neue **Trauerhalle**, ein Betonskelettbau mit gelber Backsteinausfachung und Glasbausteinen, entstand 1954–57 nach Plänen von Fritz Schaller. Der Friedhof bietet eine Fülle sehenswerter historistischer und moderner Grabdenkmäler, darunter auch viele Gräber Prominenter.

Christi Auferstehung (Brucknerstr. 16), 1967–70 nach Plänen von Gottfried Böhm, Wilhelm Jungherz und Klaus Micheel errichtet, steht als Fluchtpunkt am Ende des Lindenthaler Kanals und ist ein hervorragendes Beispiel für ein Gebäude als

Skulptur: Der Bau türmt sich mit gestaffelten Kuben zu einer vielgestaltigen Dachlandschaft empor. Der Turm hat durch eine Spiraltreppe eine markante Ausstrahlung. Auch das Innere hat skulpturalen Charakter. Über dem polygonalen Grundriss mit diversen Winkeln und Ausbuchtungen erhebt sich eine verschachtelte Decke, die durch Vor- und Rücksprünge größte Dynamik entfaltet. Zusätzlich kontrastieren am Äußeren der Kirche und im Schiff Backstein und Sichtbeton. Natürliches Licht dringt nur spärlich in den Innenraum; die Schöpfungs-, Erlösungs-, Auferstehungs- und Marienfenster stammen von Gottfried Böhm.

Die Kölner **Universität** (II B5–6) wurde 1388 als vierte Universität im Heiligen Römischen Reich Deutscher Nation nach Prag, Wien und Heidelberg gegründet und ist die älteste *städtische* Universität Deutschlands. Während der französischen Herrschaft wurde sie geschlossen und erst 1919 neu eröffnet. Bis 1934 war das Hauptgebäude die Alte Universität in der Claudiusstraße (s. S. 134). Das neue **Hauptgebäude** (Albertus-Magnus-Platz 1) wurde 1929–34 nach Plänen von Adolf Abel errichtet. Der langgestreckte Bau mit gelber Tuffsteinfassade wird durch einen Portikus aus dunklem Basalt zentriert, Hörsaalbauten dahinter führen zu einem parallelen, deutlich längeren Bauteil mit sechs rechtwinklig angesetzten Trakten. Der Bau ist in seiner Klarheit und Reduktion modern, zeigt aber gleichwohl Elemente der traditionalistischen Stuttgarter Schule, dessen wichtiger Repräsentant Paul Bonatz ein Lehrer Adolf Abels war: Symmetrie, Natursteinverkleidung und Sprossenfenster. Über dem Eingang sitzt noch das Reststück eines nationalsozialistischen Emblems, eines Adlers mit Hakenkreuz. Vor dem Gebäude steht eine Bronzeskulptur des Albertus Magnus (1955) von Gerhard Marcks. Eine Reihe interessanter Bauten der 1950er bis 2010er Jahre umgeben das Hauptgebäude:

Der links benachbarte Bau der **Wirtschafts- und Sozialwissenschaftlichen Fakultät** (Universitätsstr. 24, I C5) entstand 1954–60 nach Plänen von Wilhelm Riphahn. Neben einer Reihung eingeschossiger Pavillons für Seminarräume und Hörsäle ragt ein Hauptbau empor, dessen acht Geschosse mit Fensterbändern und Backsteinausfachungen zwischen zwei vertikale Treppenhäuser gespannt sind. Einen **Erweiterungsbau** errichteten 2019 kister scheithauer gross architekten. Das fünfgeschossige Gebäude nimmt mit seiner Fassadengliederung und seiner Ziegelverkleidung Bezug auf das Hochhaus Riphahns.

Das **Studierenden Service Center** (Universitätsstr. 22a, II B6) rechts neben dem Hauptgebäude wurde 2010–14 von Schuster Architekten gebaut: aus aufgetürmten, containerartigen Bauteilen, die mit Zurücksetzungen und Auskragungen einen höchst dynamischen Komplex bilden. Die vorgehängten schwarzen Fassadenplatten aus Faserbeton kontrastieren reizvoll mit giftgrünen Fensterrahmen.

Die **Universitäts- und Stadtbibliothek** (II B6) gegenüber dem Studierenden Service Center, 1946–67 errichtet, entwarf Rolf Gutbrod: ein aufgrund von drei unterschiedlichen Funktionen abwechslungsreiches Ensemble. Der Verwaltungsbau mit seiner Backsteinfassade hat einen anderen Charakter als das brutalistische Magazin mit seinen wabenartigen Öffnungen aus Betonfertigteilen, durch die nur wenig Licht in das Bücherlager dringt. Die Fassade des Lesesaals ist mit unterschiedlich großen Aluminium-Glas-Flächen gestaltet.

Gutbrod ist auch der Architekt des **Hörsaalgebäudes** (Universitätsstr. 35, II B6) von 1964–67 mit sechs Hörsälen. Durch einen Wechsel der Schalung und vertikale Fensterschlitze unterschiedlicher Länge bekommt der größte Gebäudeteil eine markante Ausstrahlung.

Gegenüber errichtete das Architekturbüro Paul Böhm 2010 ein **Seminargebäude** (Universitätsstr. 37, II B6). In einem Knick

Provokante Modernität: die Kirche der katholischen Hochschulgemeinde St. Johannes XXIII.

des aufgeständerten Sichtbetonbaus liegt der Eingang. Die funktional-eleganten Fluchttreppen auf der Gebäuderückseite mit aus der Fassade ragenden Betonelementen sind sehenswert.

Die **Kirche der katholischen Hochschulgemeinde St. Johannes XXIII.** (Berrenrather Str. 127) im Stadtteil Sülz, 1968/69 erbaut, entwarfen der Architekt Heinz Buchmann und der Bildhauer Josef Rikus: Der ungewöhnliche, ja sperrige Sakralbau ist von geradezu provokativer Modernität. Die Idee des brutalistischen, kantig-geometrischen Gebäudes ist die Wurzel Jesse, die als Lebensbaum dargestellte Abstammung Christi. Aus der Krypta wächst ein »Baum« aus Beton durch die Decke in das Kirchenschiff, wo er den Tabernakel umhüllt. Die farbigen Fenster gestaltete Will Thonett. Altar, Ambo und Tabernakel stammen von Josef Rikus. Das Dach der Kirche ist ein expressives Gegeneinander von senkrechten und waagrechten

Betonelementen, »Geäst« des Lebensbaumes, also sakral-symbolische Form und zugleich reine Architektur.

St. Stephan (Bachemer Str. 104a) wurde 1959–61 nach einem Entwurf von Joachim und Margot Schürmann errichtet. Der neugotische Vorgängerbau (1887) von August Carl Lange wurde im Krieg zerstört, nur der Turm steht heute noch als Campanile neben dem Neubau. Über einem eingeschossigen, ziegelverkleideten Sockelbau erhebt sich ein stark zurückgesetzter Kubus mit rasterförmigen Wänden aus Stahl und Glas. Im Innenraum tragen zwölf schlanke goldene Stützen die holzverkleidete Decke der Halle. Die Wände sind in querrechteckige Felder unterteilt, in denen dunkleres intransparentes und transparentes Glas wechseln. Der lichte Bau mit seiner bestechenden Modernität hat außen wie innen eine eher säkulare Ausstrahlung, was für einen Sakralbau als Weltoffenheit gesehen werden kann.

Haus Brinkmann (Scheffelstr. 47): Das 1981–84 von Erich Schneider-Wessling an einer spitzen Ecke erbaute sechsgeschossige Mehrfamilienhaus erinnert mit seiner zerklüfteten Fassade an eine Felsformation. Die Seitenfassaden gewinnen durch schräggestellte Erker Dynamik, die Ecke ist durch einen zweigeschossigen, vollverglasten Erker geprägt, dessen nach innen geklappter Bug dem Gebäude einen zusätzlichen Akzent verleiht.

Alt-St. Stephan, auch **»Krieler Dömchen«** genannt (Suitbert-Heimbach-Platz 1), ist eine der ältesten Kirchen Kölns. Urkundlich erwähnt wurde die Landkirche zum ersten Mal 1224. Der im 9. oder 10. Jh. entstandene Ursprungsbau war eine Saalkirche; im 11./12. Jh. wurde sie um einen rechteckigen Chor erweitert. Danach erfuhr das Mittelschiff eine Aufstockung. Bis zur Mitte des 13. Jh.s kamen eine Apsis, der Westturm und ein Seitenschiff hinzu, das durch zwei Arkaden mit dem Hauptschiff verbunden ist. Außerdem wurde der Chor eingewölbt. Im 18. Jh. erweiterte man die Kirche um eine Sakristei. Die flache Holzbalkendecke des Hauptschiffs stammt aus dem frühen 20. Jh. Heute ist der Bau knapp 19 m lang. Ältestes Ausstattungsstück ist der Taufstein mit Hufeisenbogenfries (12. Jh.).

Haus Belvedere, ehem. Bahnhof Müngersdorf (Belvederestr. 147): 1839 wurde die 6,7 km lange Eisenbahnstrecke von Köln nach Müngersdorf und mit ihr der Bahnhof Müngersdorf eröffnet, dessen Empfangsgebäude als ältestes erhaltenes Bahnhofsgebäude im deutschsprachigen Raum gilt. Errichtet wurde der zweigeschossige Putzbau im Stil eines klassizistischen Landhauses wohl von Matthias Biercher. In die Mitte der siebenachsigen Fassade ist ein flacher Mittelrisalit mit Voluten gesetzt, die einen Balkon tragen. Auf der Rückseite tritt das polygonale Treppenhaus hervor, das EG ist durch einen Vorbau mit großen Fenstern erweitert. Die Eisenbahnstrecke wurde später über Aachen bis nach Antwerpen weitergeführt. Der Müngersdorfer Bahnhof mit seiner Gaststätte war ein Ausflugsziel der Kölner, wurde aber noch im 19. Jh. wegen zu geringer Nutzung stillgelegt.

Villenviertel: Im Kölner Ortsteil Müngersdorf sind in der zweiten Hälfte des 20. Jh.s eine Reihe sehenswerter Wohnhäuser entstanden. Darunter 1951/52 nach Plänen von Wilhelm Riphahn das **Haus Haubrich** (Kämpchensweg 1): Bauherr war der Rechtsanwalt Josef Haubrich, dessen Kunstsammlung heute im Museum Ludwig zu sehen ist. Ein dreigeschossiger Flachdach-Wohnturm kontrastiert mit einem eingeschossigen, halbkreisförmigen Bau. Diese Galerie mit einem unter dem Dach laufenden Fensterband enthielt die Kunstsammlung. Das **Haus ohne Eigenschaften** (Kämpchensweg 58) errichtete Oswald Mathias Ungers 1996; er bewohnte es selbst bis zu seinem Tod 2007 (zuvor hatte er im Haus Ungers, s. S. 148, gewohnt). Der weiß verputzte zweigeschossige Kubus ist ein Bau von großer formaler Radikalität. Es gibt keinen klar definierten Eingang, sondern zwölf gleichberechtigte Zugangsmöglichkeiten. Vorder- und Rückseite des Gebäudes sind mit jeweils vier Türen und vier hochrechteckigen Fenstern darüber völlig gleich gestaltet, entsprechend auch die zweiachsigen Schmalseiten. Die Symmetrie der Fassaden entspricht der Spiegelbildlichkeit des Hausinneren. Mit seiner äußerst reduzierten Klarheit ohne jegliche erzählerische Elemente ist das Haus ohne Eigenschaften, wie Ungers es selbst nannte, so etwas wie reine Architektur. Das **Haus Riphahn** (Am Gibbelsberg 12) entwarf Wilhelm Riphahn in seinem Todesjahr 1963 für sich selbst als Wohnhaus. Die zweigeschossige, symmetrische Straßenfassade des geschlämmten Backsteinbaus mit Flachdach ist durch ein Fensterband im EG und vier quadratische Fenster im OG reduziert-klar gestaltet. Das **Haus Ungers** (Belvederestr. 60) errichtete Oswald Mathias Ungers 1958/59 als sein Büro- und Wohnhaus. Der Backsteinbau mit seinen markanten Sichtbetonstreifen hat keine klare, Geschosse anzeigende Fassade, sondern zeigt spannungsvoll vor- und zurückspringende Baukörper. 1989/90 erbaute Ungers neben dem Haus einen mit Basaltlavaplatten verkleideten fensterlosen Kubus. Dieser Bibliotheksbau ist heute Sitz der Stiftung »Ungers Archiv für Architekturwissenschaft«. Weitere interessante Bauten in der Nähe sind: das **Haus Domizlaff** (Belvederestr. 79), das Theodor Merrill 1929 für die Bildhauerin Hildegard Domizlaff baute; das **Haus Gerhard Marcks** (1948–50, Gerhard-Marcks-Weg 2) von Wilhelm Riphahn; und das **Haus Schwarz** (1956, Lövenicher Weg 28) von Rudolf und Maria Schwarz.

Die **Gartenstadt Stadion** (Statthalterhofallee, Frankenstraße, Paul-Finger-Straße) entstand ab 1930 im Stadtteil Junkersdorf nach Plänen von Edmund Bolten, Ulrich Pohl, Hans Walter Reitz und Wilhelm Riphahn als eine Siedlung des Neuen Bauens. Als »Bauten im Morgenland« und »Zigarrenkisten«

schmähten Kölner Zeitungen damals die Häuser mit ihren Flachdächern. In der Paul-Finger-Straße 18–24 entstand eine avantgardistische Reihenhauszeile. 1936 baute Wilhelm Wucherpfennig in derselben Straße traditionalistische Häuser mit Satteldächern, Sprossenfenstern und Klappläden.

Haus Murges (Ginsterweg 15): Dieses Einfamilienhaus mit Einliegerwohnung im Stadtteil Junkersdorf wurde 2003 von Johannes Götz und Guido Lohmann errichtet. Mit Flachdach, Fensterbändern und weißen Putzflächen ist es deutlich an der klassischen Moderne orientiert. Ziegel verknüpfen als wesentliches Gestaltungselement Sockel, Mauern und die Böden von Freiflächen miteinander. Die Straßenfassade zeigt eine subtil ausgewogene Balance, mit einem hohen Ziegelsockel, zwei verputzten Kuben und einem Fensterband, das zwischen der dunklen Klinkerverblendung und dem Weiß der Putzflächen vermittelt.

Römische Grabkammer (Aachener Str. 1328): Fast 9 km westlich des antiken Kölns im heutigen Stadtteil Weiden entdeckte der Fuhrmann Ferdinand Sieger 1843 bei Bauarbeiten eine römische Grabkammer. 1846 errichtete der Kölner Dombaumeister Ernst Friedrich Zwirner dafür einen leicht antikisierenden Backstein-Schutzbau. Die Grabkammer, eine der frühesten ihrer Art nördlich der Alpen, ist öffentlich zugänglich und zum größten Teil original erhalten. Sie liegt heute 6 m unter Straßenniveau, ist 3,60 × 4,50 m groß, 4,20 m hoch und enthält drei große, als Klinen (Ruhebetten) gestaltete Nischen sowie weitere kleine Nischen. Zwei Sessel aus Kalkstein, die ein Korbgeflecht nachbilden, stehen in der Kammer. In den Hauptnischen sind drei Büsten aus Carrara-Marmor aufgestellt (zwei weiblich, eine männlich). Ein prächtiger Sarkophag, ebenfalls aus Carrara-Marmor, weist an der Längsseite ein von zwei Siegesgöttinnen präsentiertes Medaillon mit dem Abbild eines Ehepaars auf. Diesen Funden nach handelt es sich um eine Grabkammer einer wohlhabenden Familie, und sie wurde etwa von der Mitte des 2. Jh.s bis zur Mitte des 4. Jh.s n. Chr. genutzt.

Toyota-Zentrale Deutschland (Toyota-Allee 2): Der langgestreckte Bau wurde 1977–79 nach einem Entwurf der japanischen Architektur- und Baufirma Takenaka Komuten errichtet. An seinen beiden Enden befinden sich je zwei mächtige Zylinder, vier weitere sind etwas von der Mitte aus nach rechts gesetzt, um den Haupteingang zu markieren. Die Wucht der acht Türme, die Treppen und Fahrstühle bergen, wird durch die Fenster- und Brüstungsbänder der drei Geschosse ausgeglichen. Der aluminiumverkleidete Betonbau hat eine technische und zugleich elegante Ausstrahlung. Er beherbergt die Toyota Collection, ein Automobilmuseum.

Ehrenfeld

Der **Bezirk Ehrenfeld**, früher Arbeiterviertel, heute beliebte Wohnlage, erstreckt sich vom Inneren Grüngürtel nach Westen.

♦ **St. Mechtern** (Mechternstr. 4): Der Name ist eine mundartliche Form von »Märtyrer«, soll doch am Standort der Kirche 304 das Martyrium des hl. Gereons und seiner Gefährten stattgefunden haben. Sie wurden, so die Heiligenlegende, in einen Brunnen geworfen, woran der Brunnen von 1927 vor der Kirche erinnert. Von dem neoromanischen Vorgängerbau der Kirche ist nach Kriegszerstörungen nur noch der Turmstumpf erhalten. Der 1953/54 von Rudolf Schwarz geschaffene Neubau mit seinem im oberen Bereich dunkel ummantelten Turm steht in der Häuserreihe des früheren Arbeiterviertels. Die Fassaden von St. Mechtern sind mit Backsteinmauerwerk gestaltet, der hohe, nüchtern wirkende Kirchenraum wird von zwei Reihen mit je drei schlanken Pfeilern in drei Schiffe gegliedert. Die vergoldeten Träger teilen die flache Decke in zwölf rechteckige Felder. Eindrucksvoll sind die Wände gestaltet: Die Putzflächen werden von einem Raster aus kleineren und größeren Bleiglasfenstern (Wilhelm Buschulte ab 1966) im Hoch- und Querformat durchbrochen. Der starke Lichteinfall wirkt der rechtwinkligen Strenge des Kirchenschiffs entgegen. Den Altar (1966) schuf Maria Schwarz, Architektin und Ehefrau von Rudolf Schwarz.

Die **DITIB-Zentralmoschee** (II B1) wurde 2009–18 nach Plänen von Paul Böhm errichtet. Die Türkisch-Islamische Union der Anstalt für Religion e. V. (ITIB) ist eine der größten islamischen Organisationen in Deutschland und hat ihren Sitz in Köln. Vor dem Bau war das Vorhaben wegen der geplanten Größe, die später reduziert wurde, und der Höhe der Minarette in der Stadtgesellschaft zunächst umstritten gewesen. Das orientalisch und zugleich kühn-modern anmutende Gebäude ist eine ganz eigene Interpretation einer klassischen Kuppelmoschee. Die Kuppel ist nicht geschlossen, sondern besteht aus geschwungenen, konzentrisch zum 36 m hohen Mittelteil des Bauwerks strebenden Betonschalen, zwischen denen Glasflächen eingefügt sind. Der Innenraum vermittelt Transparenz, Öffnung des Gebetsraums zur Stadt, zur Welt. Die Wände sind innen mit 1800 Stuckplatten belegt, die ein Muster aus achteckigen Formen bedeckt. Unter dem Scheitelpunkt der Kuppel ist ein großer Stern angebracht. Zwei 55 m hohe, nadelartige Minarette mit jeweils zwei stählernen Ringen flankieren die Moschee.

Ehem. 4711-Fabrik Ferdinand Mühlens (II A1): Der Firmenkomplex, 1950–62 von Wilhelm Koep und seinem Sohn Rudolf errichtet, zeigt mit den Farben Gold und Türkis die Corporate Identity der Marke 4711. Sehenswert ist vor allem das 1950 entstandene Lager- und Versandhaus. Es präsentiert

Corporate Identity in Gold und Türkis: die ehem. 4711-Fabrik Ferdinand Mühlens

sich mit einer runden Fassade und erinnert damit an avantgardistische Bauten der 1920er Jahre wie etwa die Energiestation der Textilfabrik »Rotes Banner« in Sankt Petersburg (damals, 1926, Leningrad) von Erich Mendelsohn. Durch die Rundform ließ sich die um das Gebäude laufende Laderampe effizient nutzen. Der Stahlskelettbau mit Vorhangfassade beginnt mit der Ladezone, über die ein Dach aus Glasbausteinen vorkragt. Es folgt eine zweigeschossige Glasfassade, über die sich noch ein zurückgesetztes DG erhebt. 1958 wurde neben diesem Bau die Seifenfabrik errichtet, eine eingeschossige Shedhalle; dazu kam ein vierstöckiger Erweiterungsbau. Die gold-eloxierten Metallprofile und die Glasfelder in Türkis verbinden Lagerhaus und Erweiterungsgebäude. 1960–62 wurde schließlich noch ein zehngeschossiges Verwaltungsgebäude mit ebenfalls türkisfarbenen Brüstungen errichtet. Heute befinden sich in dem Komplex Büros und Wohnungen.

Das **Neptunbad** (Neptunplatz 1) wurde 1912 als erste Badeanstalt eines Kölner Vorortes eröffnet. Der Putzbau im geometrischen Jugendstil entstand nach Plänen von Johannes Baptist Kleefisch. Das große Rundbogenportal zieren bildhauerische Elemente, die Meeresgetier darstellen. Zwei Treppenerker sind neben den Eingang gesetzt, das Dach wird von einem Belvedere gekrönt. Die zweigeschossige Schwimmhalle mit einem Tonnengewölbe und eingeschnittenen Thermenfenstern ist mit Blattgoldverzierungen und Kacheln in verschiedenen Grüntönen und Schwarz hochwertig ausgestattet. Aus bautechnischen Gründen wurde der Badebetrieb 1994 beendet. Heute birgt die pompöse Schwimmhalle ein Fitnessstudio.

Das **Haus Hüttenstraße 22a** baute der Architekt Wolfgang Zeh für sich und seine Familie bis 2017 in die Baulücke einer Gründerzeitzeile: sechs Geschosse, dazu Keller und Dachterrasse, auf einer bebaubaren Grundfläche von 3,50 × 7 m. Treppen verbinden die Geschosse, deren Räume zwischen 4 und 10 m² groß sind und insgesamt eine Wohnfläche von 80 m² ergeben. Die Fassade ist im EG geschlossen, die Geschosse darüber sind vollverglast. Der Bau zeigt eine räumlich beeindruckend reduzierte Architektur, die zugleich eine so hohe Qualität hat, dass sie mit Architekturpreisen überhäuft wurde.

Die **Grabeskirche St. Bartholomäus** (Helmholtzplatz 13), 1958/59 von Hans Schwippert errichtet, ist ein Backsteinkubus mit einem Campanile. Der Innenraum ist bis auf einen Sockelbereich in Ziegelmauerwerk in Sichtbeton gestaltet. Die Fenster von Giselbert Hoke, die den Sonnengesang des Franz von Assisi verbildlichen, lassen nur wenig Licht ins Kirchenschiff. 2014 wurde die Kirche vom Architekturbüro Kissler + Effgen zum ersten **Kolumbarium**, einer Urnenbegräbnisstätte, des Erzbistums Köln umgebaut, und dabei spielt das Licht eine große Rolle. Die Diözese verlangte eine Trennung zwischen dem Ort der Trauerfeier, der Kapelle, und dem Ort der Beisetzung, dem Kolumbarium. Diese Anforderung wurde mit einer bestechenden Lösung erfüllt: Ein von der Decke abgehängter bronzener Vorhang in der Mitte des Kirchenschiffs, ein Ringgewebe mit einer hochreflektiven Oberfläche, umschreibt eine Kapelle in den Maßen von 7 × 7 × 11 m mit Kirchenbänken, einem Altar und einem Flügel. Bei einer Trauerfeier wird die Kapelle von innen angestrahlt, die Urnenwände mit 700 Einzel- und 900 Doppelkammern im Kirchenschiff bleiben im Dunkeln. Umgekehrt wird die Kapelle bei einer Beisetzung von außen angestrahlt. Man kann dann kaum mehr in sie hineinsehen, stattdessen reflektiert ihr Gewebe das Licht in den Urnenbereich (Lichtgestaltung: arens faulhaber lichtplaner).

Die **Siedlung Bickendorf** zwischen Venloer Straße, Grünem Brunnenweg, Erlenweg und Sandweg entstand in drei Phasen: Caspar Maria Grod und Wilhelm Riphahn bauten 1913–20 mit Bickendorf I eine Siedlung aus zweigeschossigen Reihenhäusern mit Walmdächern. Dieselben Architekten planten die 1928–38 errichtete Siedlung Bickendorf II, drei- und viergeschossige Zeilen- und offene Blockrandbauten in einer Formgebung zwischen dem Expressionismus und dem Neuen Bauen. Eckhäuser mit Ladenpavillons akzentuieren die Siedlungseingänge. Die Farbgestaltung in Weiß und Ocker stammt von Franz W. Seiwert und Heinrich Hoerle. 1920–26 erbauten Friedrich August Breuhaus, Jakob Dondorff, Anton Franken und Josef Ruff Bickendorf III, eine Gartensiedlung, deren Ein- und Zweifamilienhäuser traditionell mit Klappläden und Satteldächern gestaltet sind.

St. Dreikönigen, im Zentrum der Siedlung Bickendorf II, wurde 1928/29 nach Plänen von Hans Peter Fischer und Heinrich Fortmann errichtet. Der kantig-kubische Putzbau ist ein Sakralgebäude von entschiedener Modernität – das gilt vor allem für den Turm mit seinen zwei schlanken, versetzten Baukörpern und einer markant gesetzten Schallöffnung. Zugleich aber zeigt die Kirche mit ihren schlitzartigen Lanzettfenstern und dem spitzbogigen Eingang noch expressionistisch-gotisierende Elemente. Den weiten Innenraum mit einer flachen Holzdecke belichten Fenster (1932/33, Jan Thorn Prikker), die nach Kriegsbeschädigungen 1952 wiederhergestellt wurden.

Rimowa-Fabrik (Mathias-Brüggen-Str. 118): Der symmetrisch gestaltete Kopfbau der Kofferfabrik im Ehrenfelder Stadtteil Ossendorf, das Verwaltungsgebäude, entstand 1985–93 nach einem Entwurf der Bürogemeinschaft Dahlbender – Gatermann – Schossig. Sieben Produktionshallen schließen sich an, wodurch das Ensemble an eine Lokomotive mit angehängten Waggons erinnert. Die durch Glaselemente verknüpften, aluminiumverkleideten Kuben nehmen mit ihrer Rillenoberfläche und den betonten Ecken die Optik der im Innern gefertigten Koffer auf.

Nippes

Am Rhein schließt sich nördlich an die Neustadt der **Stadtteil Riehl** an; er wurde 1888 eingemeindet und ist Teil des Stadtbezirks Nippes.

Das **Colonia-Hochhaus** (An der Schanz 2) wurde 1970–73 nach einem Entwurf von Henrik Busch exponiert am Rheinufer errichtet. Zu seiner Bauzeit war es mit 147 m (10 m weniger als der Dom) das höchste Wohnhaus Europas; heute ist es das zweithöchste Wohnhaus in Deutschland (höher ist der Grand Tower in Frankfurt von 2020). Um einen T-förmigen Turm, über den der Zugang erfolgt, sind vier Einheiten mit 45 Etagen angeordnet. In jedem Geschoss liegen neun Wohnungen, deren markante, über Eck laufende Balkone eine gewisse Horizontalität bieten – sie sind gegen die vertikalen Schächte zwischen die Wohnungen gesetzt. In den drei Sockelgeschossen befinden sich Gewerbeflächen und ein Hallenbad mit Rheinblick.

Das **Galeriehaus ads1a** (An der Schanz 1a) direkt neben dem gewaltig emporragenden Colonia-Hochhaus ist ein kleiner, exquisiter Bau: ein Umspannwerk der 1970er Jahre. Fünf Galeristen kauften es, und Bernd Kniess baute es 2002 zu ihrem Galeriehaus um: Er gab dem Stahlbetonkubus eine neue Fassade mit vertikalen, durchsichtigen Lichtkuppeln.

Der **Zoologische Garten** (Riehler Str. 173) wurde 1859/60 nach Entwürfen des städtischen Gartendirektors Anton Strauß angelegt. Damals entstand auch die klassizistische Dienstvilla des Zoodirektors. Ein indisch anmutender Bau von Josef Felten für die Giraffen und Antilopen wurde 1863 errichtet. Dieses älteste noch existierende Gebäude des Zoos erhielt 1874 einen Anbau für Panzernashörner und Elefanten. Aus dem Jahr 1884 stammen die Rinderhäuser im Schweizer Blockhausstil von Alfred Müller-Grah. 1898/99 erbaute Müller-Grah das Vogelhaus, heute Südamerikahaus, mit Ecktürmen im Stil russischer Kirchen. 2004 erhielten die Elefanten als neues Haus eine weite Halle, die das Architekturbüro Oxen + Römer konzipierte. Das Holzdach wird von 12 m hohen gebündelten Stahlbetonstützen getragen, deren Elemente nach oben auseinanderstreben und runde Lichtöffnungen der Bedachung umschließen.

Flora mit Botanischem Garten (Am Botanischen Garten 1): Der renommierte Landschaftsarchitekt Peter Joseph Lenné entwarf einen Zier- und Lustgarten mit exotischen Pflanzen im Stil des Historismus, der dann bis 1864 von Julius Niepraschk angelegt wurde. Es gibt ein Rosenparterre, eine an der italienischen Renaissance orientierte Kaskade und einen englischen Landschaftsgarten. Ein »Französisches Parterre« mit Springbrunnen führt zum **Wintergarten**, der bis 1864 nach Entwürfen von Joseph Felten und Maximilian Nohl errichtet wurde: Der Neorenaissancebau mit einem Tonnendach aus Eisen und Glas orientierte sich an dem Londoner Crystal Palace und am

Jardin d'Hiver in Paris. Nach Kriegsbeschädigungen erhielt er ein Walmdach, das K + H Architekten 2014 durch ein neues Tonnendach ersetzten; zusätzlich entstand 2014 ein moderner Anbau. 1906 wurde auf dem Gelände nach einem Entwurf von Joseph Maria Olbrich der **Frauenrosenhof** errichtet, eine Anlage mit Gebäuden im Jugendstil und terrassierten Beeten; nach Kriegszerstörungen erneuerte Wilhelm Riphahn sie 1955/56 stark verändert. Der 1914 angelegte Botanische Lehrgarten wurde 1920 mit der Flora vereinigt. Der heutige **Botanische Garten** zeigt Pflanzen aus allen Klimazonen, exotische Gehölze im Arboretum und Gebirgsvegetation im Alpinum.

St. Engelbert (Garthestr. 15): Die 1930–32 nach Plänen von Dominikus Böhm errichtete Kirche in Stahlbeton gilt als wegbereitend für den modernen Kirchenbau. Auf einem kreisrun-

Ein herausragendes Werk des modernen Kirchenbaus: St. Engelbert den Grundriss erheben sich acht parabelförmige, verklinkerte Schildwände. Von ihren auf ein Zentrum zulaufenden Scheiteln wird das hellblaue, bleigedeckte Tonnengewölbe des Dachs heruntergeführt. So ist ein Gebäude von ungewöhnlicher, kühner Plastizität entstanden, ein Zentralbau, der den Vorstellungen von einer Liturgiereform entgegenkam, die das Kirchenschiff als Ort einer zentrierten Zusammenkunft der Gläubigen ins Auge fasste. Bis zum Zweiten Vatikanischen Konzil (1962–65) war vorgeschrieben, dass der Priester die Messe mit dem Rücken zur Gemeinde versah. Böhms Konzeption behielt aber noch die Ausrichtung auf den Altarraum bei. Der Chor ist aus dem Zentralbau hinausgezogen und wird gegenüber dem dämmrigen Hauptbau mit nur sieben kleinen Rundfenstern durch ein hohes Fenster belichtet und damit akzentuiert. Dominikus Böhms Sohn Gottfried verschob den Altar im Rahmen einer Umgestaltung 1967 in Richtung des Zentralraums. Ein schlanker Turm steht als Campanile neben der Kirche, die von den Kölnern treffend-locker »Zitronenpresse« genannt wird. Hier erteilte Joseph Kardinal Frings in seiner Silvesterpredigt 1946 dem Stehlen von Kohlen aus Not seinen Segen, das fortan als »Fringsen« in die Umgangssprache Eingang fand.

♦ Die **Naumannsiedlung** zwischen den Straßen Riehler Tal, Barbara-, Boltenstern- und Stammheimer Straße wurde 1927–29 für einkommensschwache und kinderreiche Mieter gebaut. Manfred Faber, Fritz Fuß, Heinz Lüttgen und Otto Scheib entwarfen die 68 vier- bis fünfgeschossigen Häuser mit insgesamt 631 Wohnungen. Die Mitte der Siedlung bildet der Naumannplatz, benannt nach dem Ornithologen Johann Friedrich Naumann (1780–1857). Ihr besonderes Gepräge erhält die Siedlung durch ihre Farbigkeit. Rot-weiße Streifen markieren Eingänge, Durchfahrten und Häuserecken, rote Fensterrahmen kontrastieren mit weißen Putzflächen. Ver-

Originelle Gestaltung: die Naumannsiedlung in Riehl

wendet werden Stilformen des Expressionismus und des Art Déco, etwa bei Türen mit einem Rundbogen, der per Konsole mit einem erkerhaften Fenster darüber verbunden ist, oder bei dem eigenartig geschwungenen Überdach einer anderen Tür. Der letzte Gebäuderiegel an der Boltensternstraße dagegen ist mit seiner schmuck- und farblosen Lochfassade bereits ein Zeugnis der Neuen Sachlichkeit.

Das schmale **Haus Behr** (Einheitstr. 4), 1984 von Michael Behr als Wohnhaus erbaut, komprimiert Charakteristika der Postmoderne wie etwa Säulen und Rundfenster. Die Putzfassade über dem Sandsteinsockel endet in einem Klötzchenfries als einem Architekturelement der Vergangenheit, typisch für postmoderne Ästhetik. Die Fassade des viergeschossigen Baus ist symmetrisch. Eingang und Fenster der ersten drei Geschosse sind leicht zurückgesetzt. Der Eingang wird von zwei

Säulen flankiert, die eine vorgewölbte Brüstung tragen. Neben das dreiteilige Fenster des DG wurden zwei Bullaugen gesetzt.

Chorweiler

♦ **Christi Verklärung** (Taborplatz 4): Die in einer Siedlung der 1950er/1960er Jahre liegende katholische Kirche, 1966/67 von Josef Lehmbrock errichtet, hat einen ungewöhnlichen Grundriss. Aus einem Langhaus in Trapezform wachsen ebenfalls trapezförmige Seitenteile, die ein Kreuz oder ein kirchliches Gewand mit ausgestreckten Ärmeln zu symbolisieren scheinen. Der Bau hat vier konkave Außenwände an den Stirnseiten und ein kupfernes, flaches Spitztonnendach. Die Betonwände zwischen den Stirnseiten werden durch vertikale Lamellen gebildet, deren Zwischenräume verglast sind. Die Südwestwand des Langhauses durchbricht eine sehr große, achteckige Rosette mit farbiger Verglasung (Günter Peltzer, 1966), die im Kircheninneren einen grandiosen Kontrast zu den senkrechten Fensterschlitzen bildet. Deren Vertikalität hat die Anmutung von Kirchenwänden der Gotik, so wie das hölzerne Zollingerdach – eine von dem Architekten Friedrich Zollinger Anfang des 20. Jh.s entwickelte Dachkonstruktion – im Innern mit seiner feinen Gewebestruktur spätgotischen Netzgewölben gleicht.

Neue Stadt Chorweiler: Die Planung der Siedlung begann 1957, die ersten von insgesamt 40 000 Wohnungen wurden 1972 bezogen. Interessant ist eine 1969–74 von Gottfried Böhm entworfene **Wohnanlage im Stadtteil Seeberg** im Süden der Neuen Stadt (Riphahnstraße, Mataréweg, Zörgiebelweg, Compesstraße). Man betritt diese Anlage aus zwei Häuserzeilen dort, wo die Compes- von der Riphahnstraße abgeht. Die östliche Zeile besteht aus zwei- bis dreigeschossigen Wohnungen, die gegenüberliegende westliche Zeile steigt von sieben Geschossen zu einem viertelkreisförmigen, neungeschossigen Apartmenthaus an. Der Bau erhebt sich über einem Säulengang vor den beiden untersten Geschossen. Bunte Balkone, die durch feine vertikale Metallstäbe miteinander verknüpft sind, verleihen der Fassade Lebendigkeit.

St. Katharina von Siena (Schneebergstr. 63): Die Kirche im Stadtteil Blumenberg erbaute Nikolaus Bienefeld 2001–03 nach einem Entwurf seines 1995 verstorbenen Vaters Heinz Bienefeld. Der Bau besteht aus zwölf übereinanderliegenden Schichten aus Beton in Grau, Ocker und Rosa, der außen wie innen durch eine aufgemeißelte Oberfläche strukturiert ist. Der schmale Grundriss gleicht einem Bogen mit einer Sehne, an deren stumpfen Enden hohe Portale in den Raum führen. Die Anordnung der Kirchenbänke folgt der Rundung des Bogens. Gegenüber, genau in der Mitte der »Sehne«, steht der Altar vor einer bis zur Decke reichenden Nische. Höchst ungewöhnlich ist der vor dem Altar quergestellte Raum statt der üblichen Form eines Kirchenschiffs, das in seiner Längsrichtung auf den Altar zuläuft. Tageslicht erhält der Raum durch ein Pyramidendach in der Mitte, an dessen Seiten horizontale Fensterbänder entlanglaufen.

Ausgewählte Ziele rechts des Rheins

Deutz

Deutzer Bahnhof (II I3): Unweit des heutigen Bahnhofs Köln Messe/Deutz entstand 1845 der erste Bahnhof der bis 1888 selbständigen Stadt Deutz (der Kölner Centralbahnhof wurde erst 1859 eröffnet). 1913 errichteten Carl Biecker und Hugo Röttcher ein monumentales, schlossartig anmutendes Bahnhofsgebäude: eine repräsentative Dreiflügelanlage mit Kolossalpilastern in einer barock-klassizistischen Stilmischung. Dominiert wird das Werksteingebäude von einem ovalen Kuppelbau, der leicht hinter die Seitenflügel mit ihren Walmdächern zurückgesetzt ist. 1940–44 wurden von hier aus über 11 000 Juden und mehr als 1500 Sinti und Roma in das Konzentrationslager Buchenwald verschleppt. Daran erinnert ein Mahnmal an der Unterführung Auenweg. Auf dem Ottoplatz vor dem Bahnhof steht ein Denkmal für die Erfinder Nikolaus August Otto und Carl Eugen Langen: ein zwei Tonnen schwerer originaler »atmosphärischer Gasmotor« auf einem Podest. Der Ottoplatz wurde 2012–14 vom Büro böhm benfer zahiri mit raffiniertem Reduktionismus neu gestaltet. Plattenbänder und Sitzmöbel akzentuieren die Längsrichtung des Platzes, der Platzbelag wird durch verschiedene Steinsorten und unterschiedliche Farbigkeit belebt.

Rheinhallen (II H/I2): Bereits 1075 wurde Köln urkundlich als Messestandort erwähnt. 1924 erfuhr es mit der Eröffnung einer Frühjahrsmesse eine Neubelebung als Messestadt. 1926–28 umbaute Adolf Abel die erst 1923 für die **Messe** errichteten Rheinhallen mit einer Stahlskelettkonstruktion und blendete ihr eine expressionistische Backsteinfassade vor, die durch breite und schmale Wandvorlagen plastisch konturiert ist (nur

Die Rheinhallen mit dem Messeturm, die ehem. Kölner Messe

diese Fassade ist erhalten). Das EG gestaltete er mit Kolonnaden, den Haupteingang an der Südseite akzentuierte er durch eine Zurücksetzung der Fassade. Den 85 m hohe Messeturm krönt eine Laterne, auf der eine 3 m hohe, kupferne Skulptur von Hans Wissel angebracht ist: drei Köpfe des Götterboten Hermes – zugleich griechischer Gott des Handels – mit Attributen, die für Handel und Industrie stehen. Der Fisch über den Köpfen steht für Köln als Handelsstadt am Rhein. Ab 1940 fungierten die Messehallen als Zwischenlager für Juden sowie Sinti und Roma, die vom Deutzer Bahnhof in Konzentrationslager deportiert wurden – ein Mahnmal am Fuß des Messeturms erinnert daran. 2006 zog die Messe in ein Nachbarareal um, wo die Koelnmesse elf Hallen bespielt. Die Rheinhallen wurden abgerissen. Stattdessen errichtete das Architekturbüro HPP Architekten kammartig Neubauten für Büros sowie Innenhöfe. Die denkmalgeschützte Fassade Abels blieb erhalten.

Im benachbarten **Staatenhaus** (Auenweg; II I2) zeigten 1928 bei der Internationalen Presse-Ausstellung PRESSA 450 ausländische Aussteller ihre Produkte. Erbaut wurde der backsteinverkleidete Stahlbetonskelettbau 1926–28 nach Plänen von Adolf Abel, die Ausführung besorgte Julius Schulte-Frohlinde. Beide waren Assistenten am Stuttgarter Lehrstuhl von Paul Bonatz gewesen, einem der Hauptvertreter der traditionalistischen »Stuttgarter Schule«. Schulte-Frohlinde war später ein wichtiger Architekt und Siedlungsplaner des Nationalsozialismus. Das Staatenhaus setzte neben die Horizontalität der Messehallen und die Vertikalität des Messeturms eine doppelte Bogenform. Im Zentrum des symmetrischen Baus steht ein monumentaler Torbogen, den zwei geschwungene Kolonnaden flankieren. Zu einer Zeit, in der in Köln bereits viele Bauten der Neuen Sachlichkeit entstanden, wurde hier Traditionalismus inszeniert.

Inmitten des Rondells vor dem Staatenhaus wurde ein runder Brunnen von 55 m Durchmesser errichtet, den Josef Op Gen Oorth 1950 zum **Tanzbrunnen** mit einer begehbaren Betonscheibe als Tanzfläche umgestaltete: kleiner als der Brunnen und ebenso rund, scheint diese Scheibe gleichsam über dem Wasser zu schweben. 1957 konstruierte Frei Otto ein **Sternenwellenzelt** aus Dreiecken, getragen von sechs Stahlgittermasten. Die Konstruktion war Vorbild für das Münchner Olympiadach (1972) von Frei Otto und Günter Behnisch. Otto entwarf 1957 ebenfalls das **Zeltdach** im Eingangsbereich der Veranstaltungsstätte rund um den Brunnen und die 1971 aufgestellten fünf **Faltschirme** für Konzertzuschauer. Das Lokal **Rheinterrassen** direkt am Rhein, von Adolf Abel 1926–28 erbaut, gestaltete Hans Schilling 1957 neu.

Der **Rheinpark** (II H/I1) nördlich des Staatenhauses war 1957 und 1971 Ort der Bundesgartenschau. Die BUGA 1971 veränderte das ursprüngliche Gelände mit seiner an einer niederrheinischen Aue orientierten Landschaft mit Themenbereichen kaum, so dass der Rheinpark noch heute eine typische

Garten- und Grünflächengestaltung der 50er Jahre zeigt. Das **Parkcafé**, 1955/56 nach einem Entwurf von Rambald von Steinbüchen-Rheinwall erbaut, ist ein origineller Bau mit Terrasse und Dach, die nierenförmig ausschwingen.

Die **Zoobrücke** (Deutz-Mülheimer-Straße), an die der östliche Teil des Rheinparks grenzt, beginnt in Neustadt-Nord, führt mit einem zart-eleganten Schwung über den Rhein nach Deutz und mündet dort in die Stadtautobahn in Richtung Bundesautobahn. 1962–66 errichteten Gerd Lohmer und Fritz Leonhardt sie als Kastenträgerbrücke. Mit 259 m ist sie weltweit die am weitesten gespannte Brücke ihres Typs. Sie weist nur einen einzigen, asymmetrisch gesetzten Strompfeiler auf. Als weitere Rheinüberquerung kreuzt vom Zoo zum Rheinpark seit 1957 eine **Seilbahn** die Brücke. Sie war zwischenzeitlich abgebaut, wurde 1966 jedoch neu eröffnet.

Vom Deutzer Bahnhof aus in südlicher Richtung liegt das Bürohaus **KölnTriangle** (Ottoplatz 1), 2006 vom Büro Gatermann + Schossig erbaut: Es ist 103 m hoch und hat 29 Geschosse. Mit seinen drei konvex gewölbten Seiten hat es eine ungewöhnliche Ausstrahlung. Das Haus verfügt über eine öffentlich zugängliche Aussichtsplattform, die einen weiten Blick über Köln und seine Umgebung bietet.

Landeshaus (II H3): Das Hauptgebäude des Landschaftsverbands Rheinland wurde 1957/58 von Ulrich S. von Altenstadt, Ernst von Rudloff und Eckhard Schulze-Fielitz errichtet. Der rechteckige, aufgeständerte Stahlskelettbau mit fünf Geschossen umgibt einen Innenhof und ist an einem Stützensystem im Raster von 7 × 7 m aufgehängt. Die Längsflügel sind im EG zwischen den beiden Trakten der Seitenflügel geöffnet, so dass der Blick von der 113 m langen Ostseite des Gebäudes durch den Innenhof und den westlichen Längsflügel auf den Rhein und die Kölner Altstadt dahinter frei ist. Die Vorhangfassade mit vertikalen Aluminiumleisten und Fensterbrüstungen aus blauem Opakglas hat eine klare und elegante Ausstrahlung. Der an amerikanische Gebäude Ludwig Mies van der Rohes erinnernde Bau ist im Gegensatz zum Traditionalismus der zur gleichen Zeit entstandenen Hauptverwaltung des Gerling-Konzerns in Köln (s. S. 88) entschieden modern.

Der **Rheinboulevard Deutz** (II H4), 2008–15 vom Büro Planorama Landschaftsarchitektur erbaut: eine 500 m lange Treppenanlage, von der aus man den Blick auf das Kölner Altstadtpanorama genießen kann.

Alt-St. Heribert (II H3): Nachdem Vorgängerbauten zerstört worden waren, entstand die dreischiffige barocke Pfeilerbasilika 1659–63. Die Wölbung der Seitenschiffe geht auf die Grundmauern des einstigen Zentralbaus zurück. Auf den beiden den Chor flankierenden Türmen sitzen Welsche Hauben mit Laternen. Der Kircheneingang liegt in der Westfassade mit ihren beiden großen Maßwerkfenstern. Im Innern wird die Kirche durch vier Pfeiler gegliedert, zwischen Mittelschiff und Seitenschiffen öffnen sich Spitzbogenarkaden. Im Zweiten Weltkrieg erlitt Alt-St. Heribert schwere Zerstörungen; 1954–77 wurde die Kirche von Karl Band wiederaufgebaut, wie 1970–73 das stark beschädigte Abteigebäude. Seit den 1990er Jahren wird die Kirche von der griechisch-orthodoxen Gemeinde genutzt.

Neu-St. Heribert (II I4): Der neoromanische, 70 m lange Bau, im Volksmund wegen seiner Monumentalität auch »Düxer (Deutzer) Dom« genannt, entstand 1891–96 nach Plänen von Caspar Clemens Pickel. Nach schweren Beschädigungen im Zweiten Weltkrieg bauten Rudolf Schwarz und Josef Bernard ihn vereinfacht wieder auf, etwa mit einem mit Lärchenholz verschalten Satteldach anstelle der ursprünglichen Gewölbe. Der Backsteinbau ist mit Tuff verkleidet, für Gliederungen wurde Sandstein verwendet. Er hat ein dreischiffiges Langhaus, ein Querhaus sowie einen Chor mit Nebenapsiden zwischen Chor und Querhaus. Zwei Türme prägen die Nordfassade, im Süden flankieren zwei weitere Türme den Chor. Im Innern führen abwechselnd Pfeiler und Granitsäulen zur Vierung als liturgischem Zentrum. Dort steht auf einer säulengestützten Platte aus grünem Turiner Marmor (1954/55, Entwurf: Rudolf Schwarz, Ausführung: Hein Gernot) der **Heribertschrein** aus dem dritten Viertel des 12. Jh.s, ein Hauptwerk der romanischen Goldschmiedekunst. Er birgt die Gebeine des hl. Heribert, ist 154 cm lang und hat ein Satteldach – er soll das himmlische Jerusalem abbilden. Der Eichenholzkern ist mit feuervergoldetem Kupferblech beschlagen, das Bergkristalle und Halbedelsteine zieren. Auf den beiden Stirnseiten sind der hl. Heribert und Maria mit dem Kind zu sehen, die Längsseiten zeigen Apostel und Propheten und die Dachflächen Szenen aus Heriberts Leben. Das **Sacrarium**, die Schatzkammer der Kirche, präsentiert den silbernen Heribertpokal (um 1520), eine Kasel (Messgewand) des hl. Heribert (um 1000), mittelalterliche Gewebefragmente und liturgische Geräte.

Ehem. Druckhaus Deutz (Deutz-Kalker-Str. 46), früher August-Bebel-Haus: Der viergeschossige Backsteinbau zeigt mit dem werksteinverkleideten EG mit Flachdach und der Fensterreihung noch deutlich Elemente der Neuen Sachlichkeit, auch wenn er nicht original erhalten ist. 1930–31 errichtete Hans Hagelüken das Eckhaus als Sitz der von der Kölner SPD herausgegebenen *Rheinischen Zeitung*. Doch am 10. Mai 1933 wurde der Betrieb von den Nationalsozialisten geschlossen und kurz danach enteignet. Den SPD-Politiker Friedrich Wilhelm Sollmann, seit 1920 Chefredakteur der *Rheinischen Zeitung*, hatten Nazi-Schergen bereits am 9. März 1933 misshandelt (seit 1991 erinnert am Kölner Rathausturm eine Skulptur von Hans Karl Burgeff an ihn). 1934 veränderte Franz Weber das Haus baulich, in das dann die NS-Zeitung *Westdeutscher Beobachter* einzog: Er stockte die zweigeschossigen Seitenflügel und den Eckbau auf fünf Geschosse auf und brachte am obersten Geschoss ein Ziegelrelief mit Hakenkreuzen an; nach dem Krieg wurden diese abgetragen. Heute ist das Haus ein Bürogebäude.

Die **Lanxess Arena** (Willy-Brandt-Platz), auch Köln-Arena oder »Henkelmännchen« genannt, setzt im rechtsrheinischen Köln einen kraftvollen Akzent. Der Mehrzweckbau für Konzerte, Musicals, Sportveranstaltungen und Kongresse wurde 1996–98 von Peter Böhm, Jürgen Flohre und Severin Hefermann erbaut und ist mit einem Fassungsvermögen von nahezu 20 000 Menschen eine der größten europäischen Veranstaltungshallen. Das ovale, etwas ansteigende Dach ist an einem im Scheitelpunkt 76 m hohen, parabolischen Stahlbogen abgehängt, der in eine Treppe vor der Arena mündet. Schlanke, schräge Stützen umgeben die Glasfassade, hinter der Treppen sichtbar sind.

Auf beiden Seiten der Halle erstreckt sich das **Stadthaus Deutz** (Willy-Brandt-Platz 2 und 3) mit einem hohen Längsriegel und niedrigeren, quer gesetzten Trakten, errichtet 1993–98 von Gottfried und Peter Böhm. Hauptmieter des dunkelroten Baus mit seinen langen Fensterbändern ist die Kölner Stadtverwaltung mit einigen Ämtern wie etwa dem Technischen Rathaus.

Die **Arena-Tankstelle** (Deutz-Kalker-Str. 103), 1959 von Herbert Baumann erbaut, gilt als die älteste Kölns: Über Verkaufs- und Werkstattbauten spannt sich ein trapezförmiges Dach aus Stahlbeton, das 10 m nach vorne auskragt. Die zeittypische Konstruktion kann als kühne Form gesehen werden, die für die Aufschwungsorientierung der 50er/60er Jahre steht. 1973 wurde der Tankstellenbetrieb aufgegeben, dem Bau drohte der Verfall – bis er 1982 Eingang in die Denkmalliste fand. Neue Eigentümer veranlassten zur Jahrtausendwende eine Renovierung und Wiedereröffnung. Das Büro Walter Krause/Stadtarchitekten sanierte die Tankstelle und fügte zwei den Tanksäulenbereich überragende Stahl-Glas-Dächer mit je einer Stütze hinzu, die von dem 50er-Jahre-Betondach überlappt werden.

Kalk

St. Marien (Seligenthaler Str. 9) im Stadtteil Humboldt/Gremberg, 1952/53 von Georg Maria Lünenborg erbaut, ein Saalbau mit Satteldach, präsentiert typische Elemente der Ästhetik der 50er Jahre in einer kühnen, geradezu futuristischen Formgebung. Der Architekt arbeitete außen und innen mit Betonfertigteilen. Sie werden offen gezeigt – ein Charakteristikum der Bauzeit, ebenso wie die organoiden Formen. Die hellrote Fassade mit nierenförmigen Fenstern wird von sieben vertikalen, vorgewölbten Lamellen aus Beton gegliedert. Die Fassadenkonstruktion mit Stützen und Bindern, die ebenfalls nierenförmig durchbrochen sind, setzt sich im Innern fort. Dort ist ein Raum von eindrucksvoller Modernität zu erleben. Den verputzten Obergaden öffnen sieben organisch gerundete Fenster mit einer Darstellung der sieben Schmerzen Mariens von Josef Nienhaus (1974).

Halle Kalk (Neuerburgstr. 1): Ein Teil der Maschinenfabrik Humboldt der Klöckner-Humboldt-Deutz AG – der »Kleine Maschinenbau« – war in den heute denkmalgeschützten Hallen 75, 76 und 77 des riesigen Fabrikgeländes untergebracht. Die Hallen entstanden 1901 (77) und 1906 (75 und 76). Die Fassade der imposanten 16-achsigen Halle 76 mit einer Stahlfachwerkkonstruktion ist durch Pilaster gegliedert und weist großflächige rechteckige und im obersten Geschoss kleinere Flachbogenfenster auf. Die Hallen 75 und 77 haben einen basilikalen Querschnitt, bestehen also aus drei Schiffen. Seit 2015 sind die Hallen wegen Einsturzgefahr geschlossen.

Das **Bezirksrathaus Kalk** (Kalker Hauptstr. 247–273), 1987–92 von Gottfried Böhm erbaut, verschränkt in postmoderner Manier moderne und traditionelle Elemente. Die Metall-Glas-Fassade des Betonskelettbaus wird von backsteinverkleideten Fassadenelementen gerahmt, Kolossalpfeiler aus Backstein prägen die beiden unteren Geschosse, und ein spiralförmig emporwachsender Treppenturm verleiht dem Bau einen expressiven Akzent. Eine Glaspyramide überdacht den Lichthof des Hauptbaus.

An der Kalker Hauptstraße liegen mit St. Marien und der Kalker Kapelle zwei Sakralbauten von Rudolf Schwarz:

Die ursprüngliche **Kalker Kapelle** (Kalker Hauptstr. 228), ein Barockbau von 1704, wurde 1941 zerstört. 1948–50 errichteten Rudolf Schwarz und Karl Wimmenauer den Neubau, ein einfaches Backsteingebäude mit Satteldach, dessen Ostwand fast vollständig durch ein großes Rundbogenfenster geöffnet wird und einen Einblick von außen in das Innere erlaubt. Dort steht die *Pietà von Kalk* (1423), alljährlich Ziel einer Wallfahrt. Das farbige Rundbogenfenster in der Südwand gestaltete Georg Meistermann.

St. Marien (Kalker Hauptstr. 244): Der neugotische Vorgängerbau wurde im Zweiten Weltkrieg bis auf den Turm und die Umfassungsmauern zerstört. Schwarz errichtete die Kirche 1950–52 neu. Im Innenraum ruht das Satteldach wie ein Zelt auf Stahlstützen. Unter der Decke verläuft ein schmales Lichtband, das dem Raum zusammen mit den schlanken Stützen Leichtigkeit verleiht. Georg Meistermann schuf 1965/66 einen Zyklus von Fenstern zum Marienleben. Altar und Ambo stammen von Maria Schwarz (1969).

St. Theodor (Burgstr. 42): Die nach ihrer Zerstörung im Zweiten Weltkrieg im Stadtteil Vingst erbaute Kirche wurde nach einem Erdbeben 1992–2002 ein weiteres Mal neu errichtet. Paul Böhm umgab den erhaltenen Turm von 1955 mit einem zylindrischen Betonbau. Neben dem von einem Glasband gerahmten Eingangstor aus Eichenholz führt eine Treppenrampe mit Kreuzwegstationen außen um die Rotunde des Gebäudes herum und hinauf bis zum Kirchendach. Im Kircheninneren wird der Blick auf den dunklen Rumpf des Turms gelenkt, der als Sakramentskapelle fungiert.

Das **Haus Moest** (Alte Forststr. 2) im Stadtteil Rath/Heumar erbaute Franz Brantzky 1907/08 für den Bildhauer Josef Moest. Der Backsteinbau mit einem drei Geschosse umfassenden, steilen Giebel, kleinteiligen Sprossenfenstern und einem turmhaften Erkervorbau hat eine märchenhaft-romantische Ausstrahlung. Die Reform- und die englische Landhausarchitektur haben das effektvoll plastisch durchgearbeitete Gebäude beeinflusst.

Porz

Flughafen Köln/Bonn »Konrad Adenauer« (Köln Bonn Airport): **Terminal 1** (Kennedystraße) wurde 1963–70 gebaut. Paul Schneider-Esleben orientierte sich bei seinem Entwurf am Los Angeles International Airport. Wegen seiner organisatorisch-logistischen Konzeption war das Ergebnis avantgardistisch. Der erste europäische Drive-in-Flughafen beschleunigte den Ablauf der Flugabfertigung: Die Passagiere gelangten von der Autobahn auf einer Zubringerstraße direkt zum zentralen Parkdeck, das von den drei Flügeln des Empfangsgebäudes umgeben ist. Die rasante Horizontalität des weißen, terrassierten Sichtbetonbaus strahlt eine entschiedene Modernität aus. Mit dem Empfangsgebäude verbunden sind zwei satellitenartig angeordnete Flugsteigköpfe mit sternartigem Grundriss, an denen die Abfertigung dezentral erfolgte – das war eine entscheidende Neuerung. Mit dem Aufkommen der Jumbo-Jets stellte sich diese Abfertigung als zu klein heraus. Im Jahr 2000 wurde der vom Architekturbüro Murphy/Jahn entworfene Terminal 2 fertiggestellt, und 2001 wurde ein zentraler Check-in eingeführt. Terminal 2 ist ein 300 m langer Stahl-Glas-Bau, dessen hervorkragendes Glasdach 22 Stützen tragen, die sich nach oben baumartig verästeln.

Mülheim

Mülheim wurde erstmals 1151 urkundlich erwähnt und konkurrierte über lange Zeit mit Köln, ehe es 1914 eingemeindet wurde. Heute ist es dessen bevölkerungsreichster Stadtbezirk.

Für die Grafen von Berg war Mülheim ein Vorposten gegen Köln und erhielt 1322 von ihnen den Status einer »Freiheit«, was bedeutete, dass es keine Abgaben und Dienste leisten musste. Davon zeugt heute noch der Straßenname »Mülheimer Freiheit«. 1609 erhielten die Mülheimer die volle Religionsfreiheit. Nach massiven Einschränkungen ihrer Rechte 1714 verließen Protestanten Köln, um sich in Mülheim niederzulassen, was dessen wirtschaftliche Entwicklung beförderte. Vom prosperierenden Mülheim, das 1785 die Stadtrechte erhielt, zeugen heute noch einige wenige Barockhäuser – manche von ihnen sind original erhalten, andere wurden nach Zerstörungen im Zweiten Weltkrieg wiederaufgebaut (s. S. 173).

1815 wurde Mülheim preußisch und entwickelte sich zur Industriestadt mit Seidenmanufakturen, chemischen und metallverarbeitenden Betrieben. So wurde etwa 1826 die Seilerei Felten & Guilleaume gegründet, deren 1874 eröffnetes Carlswerk heute ein Gewerbecampus (s. S. 174) ist. 1850 zählte Mülheim 6000 Einwohner, 1914 bereits 54 000.

Mit der Eingemeindung Mülheims 1914 war Köln vertraglich verpflichtet, statt der bestehenden Schiffsbrücke eine feste

Brücke zu errichten. Und so baute man 1927–29 nach Plänen von Adolf Abel die **Mülheimer Brücke** (An der Schanz / Wiener Platz) zwischen Riehl und Mülheim. Die Kabelhängebrücke war mit einer Spannweite von 315 m die damals längste ihrer Art in Europa. Ihre beiden Pylonenportale standen an Land, was einen Schiffsverkehr ohne Behinderungen erlaubte. Mit ihrem langen horizontalen Fahrbahnträger, den vertikalen Pfeilern und dem weiten Bogen der Tragseile ist die Brücke ein eindrucksvolles technisch-ästhetisches Bauwerk.

Barockhäuser: In der Buchheimer Straße 29 steht der sog. **Bärenhof** (das Bertoldische Haus) aus dem Jahr 1780, ein zweigeschossiges elegantes Barockpalais mit Mansarddach und einem Mittelrisalit, dessen Segmentbogen eine Vase krönt. Der Balkon über dem Eingang wird von Putti gestützt. Der dreigeschossige Barockbau in der Wallstraße 56, das **Haus zum Pavillon**, wurde 1775 erbaut. Haustür und Mittelrisalit zieren Dreiecksgiebel. Das ehem. katholische **Pfarrhaus** von 1752 in der Mülheimer Freiheit 31 und das Haus Mülheimer Freiheit 33 **»Zum Pelikan«** von 1755/56 (Hubert Bongartz) sind Putzbauten mit Werksteinelementen. Das Haus **Mülheimer Freiheit 119**, ein zweigeschossiger spätbarocker Bau, den Michael Leydel 1780 errichtete, ist durch eine Toreinfahrt mit Rundbogen zentriert. Das Nachbarhaus, **Nr. 121**, aus der Zeit um 1820 (Johann Peter Cremer), ist bereits klassizistisch geprägt. Über den Eingang ist eine Supraporte mit dem Relief zweier Genien mit Flügeln gesetzt.

Die **Friedenskirche** (Wallstr. 70) ist der älteste protestantische Kirchenbau im heutigen Kölner Stadtgebiet. Nachdem Lutheranern und Reformierten im Herzogtum Jülich-Berg erlaubt worden war, Kirchen zu errichten, konnte 1610 die protestantische Gemeinde Mülheims gegründet werden. 1784 ging deren erste Kirche durch Eishochwasser des Rheins verloren, woraufhin man nach Plänen von Wilhelm Hellwig 1784–

88 eine neue Kirche erbaute, die Andreaskirche. 1837 wurden die lutherische und die reformierte Gemeinde auf Anordnung des preußischen Staates vereinigt, und die Andreaskirche wurde in Friedenskirche umbenannt. Den spätbarocken Zentralbau, der Kreis- und Kreuzform miteinander verbindet, ergänzte der Kölner Dombaumeister Ernst Friedrich Zwirner 1845–48 um einen klassizistischen Turm. Im Zweiten Weltkrieg wurde die Kirche bis auf den Turm zerstört. Bis 1960 bauten Carl und Karl-Heinz Klag das Gebäude in vereinfachter Form wieder auf. Das Architekturbüro Scherer, Maier und Partner gestaltete 1998/99 den Innenraum neu, der nun auch für Konzerte und Ausstellungen genutzt wird.

Die **Lutherkirche** (Regentenstr. 44) wurde 1893–95 von Emil Schreiter und Bernhard Below in der Formgebung der deutschen Renaissance des 16. Jh.s, die man als Stil der »Lutherzeit« sah, errichtet. Nach Kriegszerstörungen blieb nur der Turm erhalten. Über dem dreitorigen Eingang erhebt sich ein quadratischer Unterbau, der in ein achteckiges Segment mit Rundbogenfenstern übergeht. Die zerstörte Haube mit Laterne wurde 1966 durch ein Kupferdach ersetzt. An der Stelle des Kirchenschiffs errichtete das Architekturbüro Maier + Hollenbeck 2020 ein über den Turm zugängliches Wohn- und Geschäftshaus mit Satteldach.

Ehem. Fabrik Carlswerk (Schanzenstraße, Carlswerkstraße): Das Industrieareal gehörte der 1826 gegründeten Firma Felten & Guilleaume. Produziert wurden in dem 1874 eröffneten Werk Fahr- und Leitungsdrähte, Freileitungsseile und Starkstromkabel. Die Firma ging Ende des 20. Jh.s in anderen Unternehmen auf. Am Standort des Carlswerks wird nur noch unter dem Namen »Drahtwerk Köln« produziert; das Gelände mit vielen historischen Werksbauten hat sich seit den 1980er Jahren zu einem Gewerbecampus entwickelt. Einige Gebäude sind sehenswert: 1897 entstand die zweischiffige **Kupferhütte**, die 1901 um eine weitere Halle ergänzt wurde. Den Mittelbau der Trias akzentuiert ein großes Rundbogenfenster. Das **Direktionsgebäude** (Schanzenstr. 24) von 1906 ist ein dreigeschossiger Backsteinbau mit einem winkelförmigen Grundriss. EG, Fensterumrahmungen und Gebäudekanten sind mit hellem Werkstein gestaltet. Weitaus repräsentativer wurde 1910 der massive Stahlskelettbau der **Hauptverwaltung** (Schanzenstr. 28) geplant. Die Fassade des ursprünglich viergeschossigen Baus präsentiert Kolossalpfeiler aus Backstein und dazwischen Putzflächen mit den Fenstern, dazu ein pompös-strenges Eingangsportal. 1950/51 wurden zwei weitere Geschosse aufgesetzt, die den Gesamteindruck beeinträchtigen. Der neoklassizistische Bau zeigt bereits Anklänge einer sachlicheren Moderne. Die 1912/13 erbaute viergeschossige **Neue Seilerei** (Schanzenstr. 39), ein 230 m langer Backsteinbau mit großen Sprossenfenstern, zeigt beispielhaft die bestechende Ästhetik funktionaler Fabrikarchitektur. 2001 wurde die Seilerei zum Bürogebäude umgebaut.

Auf dem Areal Kalker Feld, 1932 in Buchforst umbenannt, entstanden zwei **Siedlungen des Neuen Bauens**. Köln gehörte in den 1920er Jahren wie Berlin, Frankfurt am Main und Wien zu den im Siedlungsbau besonders engagierten Metropolen. Zunächst entstand 1926/27 nach Plänen von Wilhelm Riphahn und Caspar Maria Grod die Siedlung **Blauer Hof** (Hertz-, Waldecker-, Kasseler-, Dortmunder Straße) mit 427 Wohnungen für einkommensschwache und kinderreiche Familien. Der Ästhetik der Neuen Sachlichkeit entsprechen die ornamentlosen, weißen Putzfassaden und die Flachdächer. Eine viergeschossige Blockrandbebauung mit einer Loggia für jede Wohnung umschließt einen großen Innenhof. Die um ein Geschoss höheren, zurückgesetzten Eckbauten verleihen dem Block eine markante Ausstrahlung. Riphahn und Grod konzipierten auch die 1929–32 errichtete noch größere Siedlung

◆ **Weiße Stadt** (Heidelberger-, Kopernikus-, Waldecker Straße), eine der bedeutendsten avantgardistischen Siedlungen des Neuen Bauens in Deutschland. Sie besteht aus ein- bis zweigeschossigen Reihenhaus- und fünfgeschossigen Mietshauszeilen mit insgesamt fast 600 Wohneinheiten. Durch die Staffelung der Häuser und den Wechsel von Wohnung und Dachterrasse im obersten Geschoss wirkt die Häuserreihe plastisch gegliedert. Moderne, helle Wohnungen mit eigenem WC, Balkon bzw. Terrasse, viel Grün zwischen den Häuserzeilen, Läden und bezahlbare Mieten machten diese erste reine Zeilenbausiedlung Kölns zu einer ästhetisch wie sozial in ihrer Zeit vorbildlichen Wohnanlage.

Die Kirche **St. Petrus Canisius** (Eulerstr. 2), die 1930/31 von den Architekten der Siedlung erbaut wurde, fügt sich formal in die Weiße Stadt ein. Hinter einer Vorhalle mit Arkaden ragt der Turm empor, der leider entgegen dem Originalzustand mit Eternit verkleidet ist. Die stützenfreie, dreischiffige Basilika wird durch farbige Fensterbänder (1957, Wilhelm de Graaf) belichtet.

Die **Auferstehungskirche** im Stadtteil Buchforst (Kopernikusstr. 34) ist ein höchst ungewöhnlicher, bedeutender Sakralbau der Nachkriegszeit. Sie entstand 1967/68 nach einem Entwurf von Georg Rasch und Winfried Wolsky am Rand der Weißen Stadt und hat die Form eines Tetraeders: Auf dreieckigem Grundriss steigen von einem Vorplatz aus zwei Betonwände an, die sich im spitzen Winkel treffen; von außen entsteht der Eindruck eines Schiffsbugs. Das kupfergedeckte, dreieckige Pultdach erhebt sich über dem verglasten Eingang. Der niedrige, freistehende Glockenturm wirkt skulptural. Zwischen der Holzdecke und den Wänden, an denen diese mit einer Stahlkonstruktion befestigt ist, verläuft ein Lichtband. Die Wände streben auf den Altarraum zu, der mit Kreuz, Altar, Taufbecken und Lesepult im spitzen Winkel des Raumes platziert ist.

Die starke diagonale Reliefierung und die vertikale Linie der Ecke können zusammen mit dem Außenlicht von oben als bauliche Verbildlichung der Auferstehung gesehen werden. Seit 2005 nutzt die Kirchengemeinde das Gebäude nicht mehr; seit 2012 ist es als »Kulturkirche Ost« ein Ort für Veranstaltungen und Ausstellungen, aber auch Gottesdienste finden noch statt.

Die **Immanuelkirche** im Stadtteil Stammheim (Bonhoefferstr. 8), 2013 nach Plänen des Architekturbüros Sauerbruch Hutton erbaut, ist eine ungewöhnliche Holzkonstruktion, die auf den ersten Blick wie ein Profanbau wirkt. Die gegenläufig diagonale Verschalung mit finnischem Lärchenholz verleiht den Außenwänden des strengen Kubus eine lebhafte Ausstrahlung. Das Kirchenschiff ist eine moderne Version der klassischen Basilika und wirkt mit seinen unverkleideten Holztafelbauelementen und Holzstützen reduziert-klar und zugleich aufnehmend. Die Seitenflügel bergen Sakristei, Musikzimmer, Gemeinschaftsräume und Küche. Über dem Altar lässt ein Himmelsfenster Licht in den Raum; hinter ihm ragt eine gewaltige Wand aus 2700 Holzlamellen in 27 Farben auf, hinter der sich die Orgel verbirgt. Ein Campanile und eine freistehende Gebetskapelle, ebenfalls beide Holzbauten, ergänzen das Hauptgebäude des Ensembles, das 2015 den Deutschen Architekturpreis erhielt.

Die **Akademie der Künste der Welt (ADKDW)** (Ausstellungsort: Herwarthstr. 3) ist eine gemeinnützige Kultureinrichtung, in der Künstler, Forscher und Kulturschaffende organisiert sind. Die Mitglieder bilden ein internationales Netzwerk und treffen sich jährlich. Die ADKDW möchte ein kritisches Verständnis der Künste fördern und die gegenwärtigen Bedingungen kultureller Produktion offenlegen und neu denken. Im Ausstellungsort »Academyspace« finden Wechselausstellungen statt. (www.adkdw.org/de)

Die **Artothek – Raum für junge Kunst** (Am Hof 50, I G3) verleiht zeitgenössische Kunstwerke und zeigt Ausstellungen junger Kunst.

Das **Deutsche Sport & Olympia Museum** (II H5) ermöglicht eine Zeitreise zum Thema Sport von der griechischen Antike bis heute, mit über 3000 Exponaten wie Plakaten, Medaillen, Sportgeräten und -kleidungsstücken sowie Filmdokumenten. Dazu gibt es thematische Sonderausstellungen. (www.sportmuseum.de)

Domschatzkammer (Domkloster 4, I F3): s. S. 46. (www.koelner-domschatzkammer.de)

Duftmuseum im Farina-Haus (I G3): 1708 erarbeitete Johann Maria Farina das Eau de Cologne. Das Duftmuseum ist am Ort der 1709 gegründeten Parfümfabrik untergebracht, deren ursprüngliches Gebäude nicht erhalten ist (s. dazu S. 57). Zu sehen sind Techniken, Dokumente und Bilder der fast 300-jährigen Parfümproduktion, und die Besucher können an unterschiedlichen Essenzen schnuppern. (www.farina-haus.de)

Geomuseum (Zülpicher Str. 49, II C5): Die mineralogische Schausammlung der Universität Köln zeigt Minerale der gesamten Erde sowie Meteoriten und Schmucksteine. Der geologisch-paläontologische Teil des Museums thematisiert 4,56 Mrd. Jahre

Erdgeschichte von der Entstehung des Sonnensystems bis zur Gegenwart. (www.geologie.uni-koeln.de/geomuseum)

Das **Historische Archiv der Stadt Köln** (Stadtarchiv, II C7) war 1897–1971 im Gebäude Am Gereonskloster 12 beheimatet, das heute ein Hotel ist (s. S. 87), und anschließend in der Severinstraße 222–228 in der Altstadt. Dieser Bau stürzte 2009 vollständig ein – dabei kamen zwei junge Männer zu Tode. Ursache war ein Wassereinbruch in die Baustelle der Stadtbahnerweiterung. 90 % der Archivalien wurden verschüttet und in den Monaten danach geborgen. Der Neubau des Kölner Stadtarchivs wurde 2021 eröffnet (s. S. 133) und ist nicht nur ein Ort für wissenschaftliche Benutzer, sondern versteht sich auch als Bürgerarchiv. Es finden regelmäßig Wechselausstellungen und Vorträge statt. Für die Schätze des Archivs stehen 50 km Regalfläche bereit, aber ihre Restaurierung wird wahrscheinlich erst um 2050 abgeschlossen sein: Dann stünden 95 % des Bestandes wieder zur Verfügung. (www.stadt-koeln.de/leben-in-koeln/kultur/historisches-archiv)

Käthe Kollwitz Museum (Neumarkt 18–24, I E4): Die weltweit bedeutendste Käthe-Kollwitz-Sammlung zeigt eine ständige Ausstellung mit Werken der Künstlerin. Darüber hinaus präsentiert das Museum in Wechselausstellungen Künstlerinnen und Künstler, deren Arbeiten geschichtliche oder thematische Bezüge zu Kollwitz' Werk haben. (www.kollwitz.de)

Kölner Karnevalsmuseum (Maarweg 134–136): Das größte Karnevalsmuseum im deutschsprachigen Raum zeigt die Geschichte des Karnevals, beginnend mit ähnlichen Festivitäten der Antike über Vorfastenzeiten des Mittelalters, die französische Zeit der Stadt, bis hinein in die Zeit des organisierten Karnevals seit dem ersten Rosenmontagszug 1823. Der Karneval im Nationalsozialismus wird kritisch thematisiert. Auch alternative und schwul-lesbische karnevalistische Strömungen sind Teil der Ausstellung. Präsentiert werden Kostüme, Masken, Dokumente und Fotos. (www.koelnerkarneval.de/festkomitee/karnevalsmuseum)

Der **Kölnische Kunstverein** (Hahnenstr. 6, II D4), 1839 gegründet, ist eine renommierte Institution für Ausstellungen zeitgenössischer Kunst. Seit 2002 ist der Verein im ehem. Gebäude des British Information Center »Die Brücke« untergebracht (zum Bau s. S. 108). Mit Wechselausstellungen internationaler Kunst soll eine Brücke geschlagen werden zur Gegenwartskunst, zur Förderung junger Künstlerinnen und Künstler sowie zu weiteren Disziplinen wie Musik, Film und Design. (www.koelnischerkunstverein.de)

Das **Kölnische Stadtmuseum** ist interimsweise in einem 1986 von Ulrich Coersmeier für ein Modehaus errichteten Gebäude (Minoritenstr. 13, I F3) untergebracht – der gemäßigt postmoderne fünfgeschossige Bau mit Segmentbogenfenstern im 2. OG wurde 2021–23 von Georg Döring zu diesem Zweck umgebaut. Für 2029 ist ein gemeinsames Gebäudeensemble für Stadtmuseum und Römisch-Germanisches Museum auf dem Roncalliplatz geplant. Die Sammlung umfasst rund 350 000 Objekte zur Stadtgeschichte. Kunstvolle und alltägliche Exponate zeigen die politische Entwicklung der Stadt, den Wandel der Lebensverhältnisse ihrer Bewohner und die Entstehung von Bräuchen und Traditionen. (www.koelnisches-stadtmuseum.de)

Kolumba (I F3): Im EG befindet sich eine archäologische Ausgrabungszone, die übrigen Räume bieten mit ihrem wechselnden Charakter einen vielgestaltigen Ort für die Kunstwerke des Erzbistums Köln. In subtil gestalteten Wechselausstellungen werden diese in unterschiedlichen Kontexten präsentiert, etwa durch Kontrastierung alter Kunst mit zeitgenössischen Werken. Zum Bau s. S. 71. (www.kolumba.de)

Kunst-Station St. Peter (II E4): s. S. 105. (www.sankt-peter-koeln.de/wp/kunst-station)

Kunst- und Museumsbibliothek: Die öffentlich zugängliche Bibliothek bietet einen großen Bestand diverser Medien zur Kunst vom Mittelalter bis heute. Die Sammlung wird in Wechselausstellungen gezeigt, Schwerpunkte sind Kunst des 20. und 21. Jh.s und Fotografie. Die beiden Lesesäle befinden sich im Museum Ludwig (I G3, s. u.) und im Museum für Angewandte Kunst (I F3, s. u.). (www.kunst-und-museumsbibliothek.de)

MiQua – LVR-Jüdisches Museum im Archäologischen Quartier Köln (I G3): Seit 2018 wird das neue Museum MiQua (= **M**useum **i**m **Qua**rtier) gebaut, das 2025 eröffnet werden soll und Römerzeit und Mittelalter verbinden wird. Große Teile werden unter dem Historischen Rathaus, dem Spanischen Bau und dem Rathausplatz liegen. Das Jüdische Museum wird auf dem Rathausplatz stehen. Sonderausstellungen sind im Landeshaus des Landschaftsverbands Rheinland (Kennedy-Ufer 2) zu sehen. (www.miqua.lvr.de)

Das **Museum für Angewandte Kunst Köln** (I F3) bietet eine 800 Jahre umgreifende Sammlung europäischen Kunsthandwerks mit den Schwerpunkten Möbel, Mode und Textilien, Keramik, Glas, Schmuck und Metallkunst, Gemälde und Skulptur sowie Grafik. Der Bereich Design zeigt – als Dauerausstellung in Europa einzigartig – »Kunst + Design im Dialog«. Zum Bau s. S. 68. (www.makk.de)

Das **Museum für Ostasiatische Kunst** (II B4), 1913 eröffnet, beherbergt die neben dem Museum für Asiatische Kunst in Berlin bedeutendste Sammlung von Kunst aus Japan, Korea und China in Deutschland. Zu sehen sind u. a. buddhistische Malerei und Skulptur, japanische Stellschirmmalerei, Farbholzschnitte, Keramik, chinesische Sakralbronzen und Kalligraphie. Gezeigt werden zudem themenorientierte Sonderausstellungen. Zum sehenswerten Museumsgebäude mit Landschaftsgarten s. S. 132. (www.museum-fuer-ostasiatische-kunst.de)

Museum Ludwig (I G3): Die Gründung des Museums Ludwig 1976 beruhte auf einem Vertrag der Stadt Köln mit dem

Sammlerehepaar Peter und Irene Ludwig. Er beinhaltete, dass die Ludwigs der Stadt Köln 350 Werke moderner Kunst stifteten und die Stadt für diese Werke ein Museum zur Verfügung stellte (zum Bau s. S. 50). Heute ist das Museum Ludwig eines der bedeutendsten europäischen Museen für moderne und zeitgenössische Kunst. Schwerpunkte des Bestands sind die Sammlung Haubrich mit Werken der Klassischen Moderne, darunter Arbeiten von Max Beckmann, Ernst-Ludwig Kirchner, Karl Schmidt-Rottluff, Paula Modersohn-Becker und Otto Dix. Eine Stiftung der Ludwigs sind die Sammlung Russischer Avantgarde aus den Jahren 1905–35, die weltweit drittgrößte Picasso-Sammlung und Kunst der 1960er und 1970er Jahre mit Meisterwerken der amerikanischen Pop-Art (u. a. von Roy Lichtenstein, Claes Oldenburg, Andy Warhol und Tom Wesselmann). Abstrakte Tendenzen der 1950er und 1960er Jahre in Europa bilden einen weiteren Sammlungsschwerpunkt, vertreten u. a. durch Jean Dubuffet, Lucia Fontana und Wols. Außerdem präsentiert das Museum weitere Kunstströmungen des 20. Jh.s, wie den abstrakten Expressionismus (u. a. Jackson Pollock und Mark Rothko), Minimal- und Konzeptkunst (z. B. Donald Judd und Eva Hesse), Videokunst und Installationen sowie Kunst des Rheinlands (Joseph Beuys, Candida Höfer, Jörg Immendorf, Martin Kippenberger, Sigmar Polke und Gerhard Richter). Die Sammlung erstreckt sich bis zur Gegenwartskunst, zu der auch Arbeiten aus Asien, Afrika und Lateinamerika gehören, und birgt außerdem eine große graphische Abteilung und eine der europaweit umfangreichsten und bedeutendsten fotografischen Ausstellungen mit Fotografien von den Anfängen im 19. Jh. bis heute, darunter zeitgenössische Arbeiten von Andreas Gursky, Thomas Ruff und Jeff Wall. (www.museum-ludwig.de)

Museum Schnütgen (I F4; gemeinsamer Eingang mit dem Rautenstrauch-Joest-Museum): Der größte Ausstellungsraum des Museums ist die romanische Kirche St. Cäcilien. Die Sammlung christlicher Kunst des Mittelalters bietet große Vielfalt. Zu sehen sind Stein- und Holzskulpturen, Elfenbeinschnitzereien, Goldschmiedekunst, Textilien, Glas- und Buchmalerei. Gezeigt werden auch Sonderausstellungen mit Kunstwerken anderer Sammlungen. Zum Bau s. S. 106. (www.museum-schnuetgen.de)

NS-Dokumentationszentrum der Stadt Köln (Appellhofplatz 23–25, I E3): Das Gebäude, das EL-DE-Haus (s. S. 77), war 1935–45 Sitz der Kölner Gestapo und ist damit Inbegriff der nationalsozialistischen Terrorherrschaft. Im Innenhof wurden noch in den letzten Kriegsmonaten Hunderte von Menschen hingerichtet. Heute ist das Haus ein Ort des Gedenkens, Vermittelns und Erforschens der NS-Zeit. Das ehem. Gefängnis der Gestapo im Keller mit seinen Zellen ist weitgehend original erhalten. An den Zellenwänden finden sich bewegende Zeugnisse der Not der Inhaftierten: rund 1800 Inschriften und Zeichnungen der Häftlinge, die mit Bleistift oder Kreide geschrieben oder mit Eisen- oder Fingernägeln eingeritzt wurden. Die Dauerausstellung beleuchtet das politische und gesellschaftliche Leben in Köln während der Diktatur. (www.Museenkoeln.de/ns-dokumentationszentrum)

Die **Photographische Sammlung / SK Stiftung Kultur** (Im Mediapark 7, II D/E1) hat sich der sachlich-dokumentarischen Fotografie als Kunstform verschrieben. Ausgangspunkt war das 1992 erworbene August Sander Archiv. Gezeigt werden in Wechselausstellungen Werke u. a. von Diane Arbus, Bernd und Hilla Becher, Karl Blossfeldt, Candida Höfer und Albrecht Renger-Patzsch. (www.photograpie-sk-kultur.de)

Das **Rautenstrauch-Joest-Museum – Kulturen der Welt** (I E4) ist eines der bedeutendsten ethnologischen Museen Deutschlands. Die Sammlung umfasst 65 000 Objekte und 100 000 historische Fotografien. Der Themenparcours »Der Mensch in seinen Welten« stellt mit Exponaten aus Afrika,

Asien, Amerika, Europa und Ozeanien viele Kulturen der Welt vor. Ein Juniormuseum richtet sich speziell an Kinder und Jugendliche. Zum Bau s. S. 106. (www.museenkoeln.de/rautenstrauch-joest-museum)

Das **Rheinische Bildarchiv Köln** (im Stadtarchiv, II C7) zeigt in Wechselausstellungen seine Werke. Aufgabe des Archivs ist die Anfertigung von Sachaufnahmen in den und für die Kölner Museen, die fotografische Dokumentation wichtiger Ereignisse in Köln sowie der Architektur der Stadt und die Porträtierung für die Stadt wichtiger Persönlichkeiten. Zum Bau s. S. 133. (www.stadt-koeln.de/leben-in-koeln/kultur/rheinisches-bildarchiv)

Römisch-Germanisches Museum (eigentlich I G3, vorübergehend aber bis voraussichtlich 2026 in der Cäcilienstr. 46, I E4): Die Sammlung zeigt das archäologische Erbe Kölns und seiner Umgebung von der Altsteinzeit bis zum frühen Mittelalter. Zu sehen sind Funde aus der Stein-, Bronze- und Eisenzeit sowie hochkarätige Goldschmiedearbeiten aus der Zeit der Völkerwanderung. Den Schwerpunkt des Museums bilden Zeugnisse der über 400-jährigen römischen Geschichte Kölns und seiner Umgebung. Das Museum verfügt über die weltweit größte Sammlung römischer Glasgefäße. Wandmalereien und Mosaiken zeugen von der hochwertigen Gestaltung römischer Stadthäuser. Die jüngsten Ausstellungsobjekte des nachrömischen Kölns stammen aus der Merowingerzeit (5.–7. Jh.). Seit 2018 und bis voraussichtlich 2026 ist das Museum wegen einer Generalsanierung geschlossen. Bedeutende Sammlungsobjekte – mit rund 1000 antiken Funden ein Viertel der Museumssammlung –werden im **Belgischen Haus** (Cäcilienstr. 46, Nähe Neumarkt, I E4) gezeigt. Das Dionysosmosaik (3. Jh. n. Chr.) und das 15 m hohe Grabmonument des Legionärs Lucius Poblicius (1. Jh. n. Chr.) sind am Roncalliplatz durch ein Panoramafenster zu sehen. Zum Bau s. S. 49. (www.roemisch-germanisches-museum.de)

Das **Schokoladenmuseum** (II G5) präsentiert die Geschichte der Schokolade, beginnend bei den altamerikanischen Kulturen der Maya und Azteken über die Barockzeit und die Industrialisierung bis zur heutigen Verfeinerung edler Schokoladensorten. Zu sehen sind eine Porzellan- und Silbersammlung aus dem Barock und historische Maschinen. Ein Schokoladenatelier zeigt moderne Schokoladenproduktion, und es gibt einen sprudelnden Schokoladenbrunnen. (www.schokoladenmuseum.de)

Skulpturenpark Köln (Haupteingang Riehler Straße zwischen Innerer Kanalstraße und Elsa-Brändström-Straße): In dem etwa 40 000 m² großen Park stehen zeitgenössische Skulpturen deutscher und internationaler Künstler. Die Dauerpräsentation wird durch temporäre Gruppenausstellungen ergänzt. (www.skulpturenparkkoeln.de)

Tanzmuseum des Deutschen Tanzarchivs Köln (Im Mediapark 7, II D/E1): Das Deutsche Tanzarchiv verfügt über die Nachlässe von 400 Tänzern, Choreographen und Ballettkritikern sowie über eine Sammlung von 160 000 Fotos. In Wechselausstellungen werden Fotos, Programmzettel, Kritiken, Filme, Briefe, Kostüme und Bühnenbildskizzen gezeigt. (www.deutsches-tanzarchiv.de/museum)

Wallraf (Wallraf-Richartz-Museum & Fondation Corboud) (I G3): 1824 erbte die Stadt Köln die Kunstsammlung des Botanikprofessors und Kölner Universitätsrektors Franz Ferdinand Wallraf (1748–1824) – diese Sammlung bildet den Grundstock des Museums. Sie war zunächst im »Wallrafianum« in der Trankgasse untergebracht. 1861 wurde An der Rechtschule das Wallraf-Richartz-Museum eröffnet, gestiftet von dem Kaufmann Johann Heinrich Richartz. Dieses Gebäude wurde 1943 zerstört und 1957 durch einen Neubau ersetzt (seit 1986 Museum für Angewandte Kunst). Ab 1986 teilte sich das Wallraf-Richartz-Museum ein Gebäude mit dem Museum Ludwig, 1998–2001 wurde neben der Ruine von Alt-St. Alban ein Neubau nach Plänen von Oswald Mathias Ungers errichtet (s. S. 58). 2001 überließen Gérard Jacques und Marisol Corboud dem Museum ihre große Sammlung impressionistischer und postimpressionistischer Werke als »ewige Leihgabe«; damals erhielt der Museumsname einen entsprechenden Zusatz. Ein Schwerpunkt des Museums ist eine der bedeutendsten Sammlungen mittelalterlicher Malerei weltweit. Dazu zählen Stefan Lochners berühmte *Muttergottes in der Rosenlaube*, der *Kreuz-Altar* des Meisters des Bartholomäus-Altars und Albrecht Dürers *Pfeifer und Trommler*. Werke des Barock sind etwa mit Peter Paul Rubens, Rembrandt van Rijn und Frans Hals vertreten. Arbeiten von François Boucher, Angelika Kauffmann u. a. stehen für die Kunst des 18. Jh.s. Das 19. bis zum frühen 20. Jh. repräsentieren Künstler wie Vincent van Gogh, Paul Cézanne, Auguste Renoir, Claude Monet, Édouard Manet, Paul Gauguin, James Ensor und Edvard Munch. Das Museum besitzt die größte Sammlung impressionistischer und neoimpressionistischer Kunst in Deutschland. Deutsche Landschaftsmalerei ist mit Werken u. a. von Caspar David Friedrich, Adolf von Menzel, Lovis Corinth und Max Liebermann zu sehen. Das Graphische Kabinett verfügt mit über 65 000 Blättern über eine umfangreiche Sammlung vom Mittelalter bis zur Gegenwart. (www.wallraf.museum)

ZADIK – Zentralarchiv für deutsche und internationale Kunstmarktforschung (Im Mediapark 7, II D/E1): Dieses Institut der Universität Köln befasst sich mit der Archivierung, Erforschung und Vermittlung der Geschichte, Strukturen und Kontexte internationaler Kunstsysteme. In dem Archiv befinden sich 170 Bestände von Galeristen, Kunsthändlern, Auktionshäusern, Kunstkritikern und Fotografen. Wechselausstellungen zeigen Fotos und Dokumente. (www.zadik.phil-fak.uni-koeln.de)

Anhang

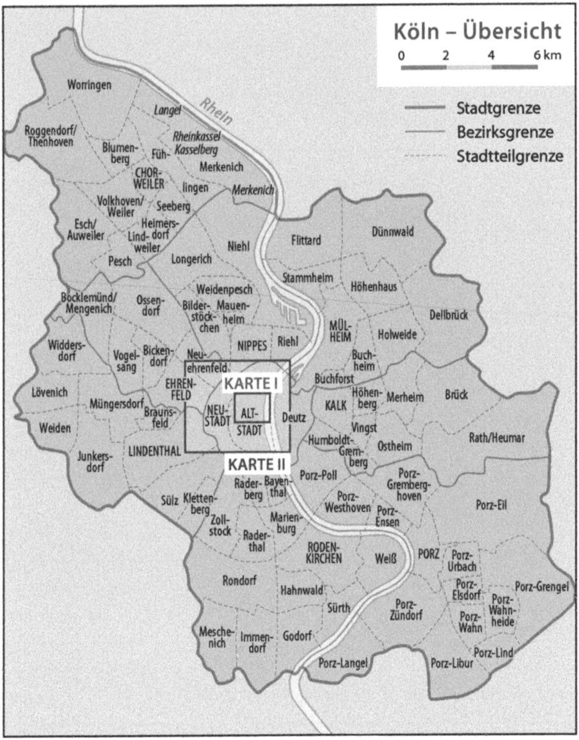
Köln – Übersicht
0 2 4 6 km
Stadtgrenze
Bezirksgrenze
Stadtteilgrenze
Rhein
Worringen
Langel
Roggendorf/
Thenhoven
Rheinkassel
Kasselberg
Blumen-
berg
Füh-
lingen
CHOR-
WEILER
Merkenich
Merkenich
Volkhoven/
Weiler
Seeberg
Esch/
Auweiler
Heimers-
dorf
Lind-
weiler
Pesch
Longerich
Niehl
Flittard
Dünnwald
Stammheim
Höhenhaus
Weidenpesch
Bocklemünd/
Mengenich
Ossen-
dorf
Bilder-
stöck-
chen
Mauen-
heim
Dellbrück
Widders-
dorf
Vogel-
sang
Bicken-
dorf
Neu-
ehrenfeld
NIPPES
Riehl
MÜL-
HEIM
Holweide
Buch-
heim
Buchforst
KARTE I
Lövenich
Müngersdorf
EHREN-
FELD
Braunsfeld
NEU-
STADT
ALT-
STADT
Deutz
KALK
Höhen-
berg
Merheim
Brück
Weiden
Vingst
Humboldt-
Gremberg
Ostheim
Rath/Heumar
Junkers-
dorf
LINDENTHAL
KARTE II
Porz-Poll
Porz-
Gremberg-
hoven
Sülz
Kletten-
berg
Rader-
berg
Bayen-
thal
Porz-
Westhoven
Porz-
Ensen
Porz-Eil
Zoll-
stock
Rader-
thal
Marien-
burg
RODEN-
KIRCHEN
Weiß
PORZ
Porz-
Urbach
Rondorf
Hahnwald
Porz-
Elsdorf
Porz-Grengel
Sürth
Porz-
Zündorf
Porz-
Wahn
Porz-
Wahn-
heide
Mesche-
nich
Immen-
dorf
Godorf
Porz-Langel
Porz-Libur
Porz-Lind

Nachweis der Karten und Abbildungen

akg-images / TT News Agency: S. 127; imageBROKER / Alamy Stock Foto: S. 9; IMAGO / Hans Blossey: S. 76; IMAGO / Zoonar: S. 95; Joern Sackermann / Alamy Stock Foto: S. 131; PRISMA ARCHIVO / Alamy Stock Foto: S. 59; Entwurf: Gerhard Richter, Köln / Foto: Hohe Domkirche Köln, Dombauhütte; Matz und Schenk: S. 45; Shawshots / Alamy Stock Foto: S. 22; shutterstock.com / Paola Leone: S. 152; shutterstock.com / Peter Zurek: S. 86; shutterstock.com / Vivvi Smak: S. 71; Wikimedia Commons / CC BY-SA 3.0: S. 55, 112; Wikimedia Commons / Cmcmcm1 / CC BY-SA 4.0: S. 157; Wikimedia Commons / Elke Wetzig / CC BY-SA 4.0: S. 139, 159; Wikimedia Commons / JLuetkestratkoetter / GNU Free Documentation License: S. 163; Wikimedia Commons / Public Domain Mark 1.0: S. 14; Wikimedia Commons / Raimond Spekking / CC BY-SA 4.0: S. 19, 73, 145

Weiterführende Informationen

Literaturhinweise

Abt, Josef / Beines, Johannes Ralf: Melaten. Kölner Gräber und Geschichte. Köln 1997.

Architekten- und Ingenieurverein Köln e. V. von 1875 (Hrsg): Köln – seine Bauten 1928–1988. Köln 1991.

Becker-Huberti, Manfred / Menne, Günter A. (Hrsg.): Kölner Kirchen. Die Kirchen der katholischen und evangelischen Gemeinden in Köln. Köln 2004.

Beuckers, Klaus Gereon: Der Kölner Dom. Darmstadt 2004.

Dehio, Georg: Handbuch der Deutschen Kunstdenkmäler. Nordrhein-Westfalen I. Rheinland. München/Berlin 2005.

Delmes, Nicole (Hrsg.): Ernst Neufert – Peter Neufert. Ostfildern 2014.

Dietmar, Carl: Chronik Köln. Gütersloh/München ^{3}1997.

– / Jung, Werner: Köln. Die große Stadtgeschichte. Essen ^{3}2016.

Driessen, Barbara / Driessen, Christoph: Köln. Eine Geschichte. Vom Ursprung zur Millionenstadt. Köln 2015.

Flagge, Ingeborg: Köln Innenstadt. Stadtführer zeitgenössischer Architektur. Köln 2002.

Fuchs, Peter (Hrsg.): Chronik zur Geschichte der Stadt Köln. Köln 1990/91.

Fußbroich, Helmut: Architekturführer Köln. Profane Architektur nach 1900. Köln 1997.

– Architekturführer Köln. Sakralbauten nach 1900. Köln 2005.

Gassen, Richard W.: Mittelalterliche Kirchen in Köln. Architektur – Kunst – Geschichte. Petersberg 2010.

Heinen, Werner / Pfeffer, Anne-Marie: Köln. Siedlungen 1888–1938. Köln 1988.

Henze, Anton / Gaul, Otto / Mühlberg, Fried / Stich, Fritz: Nordrhein-Westfalen. Kunstdenkmäler und Museen. Stuttgart 1982.

Jung, Werner: Das neuzeitliche Köln. Köln 2004.

Kier, Hiltrud / Krings, Ulrich: Der Kranz der romanischen Kirchen in Köln. Köln ^{2}1982.

Kier, Hiltrud / Krings, Ulrich: Die romanischen Kirchen in Köln. Köln ²1985.
Kier, Hiltrud / Liesenfeld, Karen / Matzerath, Horst: Architektur der 30er und 40er Jahre in Köln. Materialien zur Baugeschichte im Nationalsozialismus. Köln 1999.
Kierdorf, Alexander: Köln. Ein Architekturführer. Berlin 1999.
Mainzer, Udo: Kleine illustrierte Kunstgeschichte der Stadt Köln. Köln 2015.
– Kleine illustrierte Architekturgeschichte der Stadt Köln. Köln 2017.
Matz, Reinhard / Vollmer, Wolfgang: Köln vor dem Krieg. Leben – Kultur – Stadt 1880–1940. Köln 2012.
– Köln von Anfang an. Leben – Kultur – Stadt bis 1880. Köln 2020.
Meynen, Henriette: Die preußische Festung Köln. Köln 2000.
– (Hrsg.): Festungsstadt Köln. Das Bollwerk im Westen. Köln 2010.
Rosenau, Helen: Der Kölner Dom. Seine Baugeschichte und historische Stellung. Köln 1931.
Schäfke, Werner: Köln. Zwei Jahrtausende Geschichte, Kunst und Kultur am Rhein. Köln 1998.
Schlei, Barbara / Winterhager, Uta / Groß, Tobias: Architekturführer Köln. 103 zeitgenössische und moderne Bauten und Quartiere. Köln ²2016.
Stankowski, Martin: Kleine Geschichte Kölns. Von den Römern bis zur Gegenwart. Köln 2004.
– Köln. Der andere Stadtführer. Köln ²2004.
Streitberger, Bernd / Müller, Anne Luise (Hrsg.): Architekturführer rechtsrheinisches Köln. Berlin 2011.
Verbeek, Albert: Kölner Kirchen. Die kirchliche Baukunst in Köln von den Anfängen bis zur Gegenwart. Köln ³1987
Weyer, Anselm: Architekturführer Köln. Berlin 2021.
Wilhelm, Jürgen (Hrsg.): Das große Köln-Lexikon. Köln 2005.
Wolff, Arnold: Der Dom zu Köln. Köln 2015.

Internetseiten

Allgemein

www.koeln.de
www.stadt-koeln.de
www.koelntourismus.de

Stadtführungen, -rundgänge und -rundfahrten

www.koelntourismus.de/buchen-kaufen/stadtfuehrungen
www.koeln.de/tourismus/stadtfuehrungen

Architektur

architekturfuehrer.koeln
www.baukunst-nrw.de

Museen, Theater, Musik

www.koeln.de/tourismus/museen
www.theater.koeln
www.musik-in-koeln.de

Kirchen

www.romanische-kirchen-koeln.de

Öffentlicher Nahverkehr

www.kvb.koeln

Register

4711-Fabrik Ferdinand Mühlens 74, 151
4711-Haus 74

Akademie der Künste der Welt 178
Alter Markt 56, 60
Alte Universität 122, 134, 143
Alte Wache am Zeughaus 78
Altstadt 18, 22, 30, 50, 62, 64, 100, 115, 120, 122, 128 f., 165, 179
Alt-St. Alban 58, 64 f., 129 f., 186
Alt-St. Heribert 166
Alt-St. Stephan 146
Amerika Haus 80
Annoriegel 116
Antoniterkirche 16, 29, 67 f.
Antoniterquartier 68
Arena-Tankstelle 168
Artothek – Raum für junge Kunst 53, 178
Auferstehungskirche 176
Augustinerplatz 66
August-Sander-Park 128

Baptisterium 47 f.
Bärenhof 173
Barockhäuser 172 f.
Bastei 123
Bayenturm 119 f.
Belgisches Haus 107, 184
Bezirksrathaus Kalk 170
Bezirksregierung Köln 79
Bickendorf 20, 154
Bildungslandschaft Altstadt-Nord 94
Bismarcksäule 138
Blauer Hof 175
Blau-Gold-Haus 48
Botanischer Garten 156 f.
Bottmühle 120
Buchhandlung König 80
Bürgerhaus Stollwerck 117
Bürogebäude am Sachsenring 91, 133
Bürogebäude G 75 95
Bürogebäude Neusser Straße 97–99 124

Chorweiler 23, 160
Christi Auferstehung 142
Christi Verklärung 160
Christuskirche 130
Cinedom 128
Cologne Oval Offices 137
Colonia-Hochhaus 155 f.

Deutsches Sport & Olympia Museum 118, 178
Deutz 14, 26, 28 f., 162, 167
Deutzer Bahnhof 162 f., 165
Deutzer Brücke 19, 65, 141
Dionysos-Brunnen 47
Diözesanmuseum 71
Dischhaus 72, 101
DITIB-Zentralmoschee 151
Dom 12, 15 f., 18, 27–29, 36–38, 40, 42 f., 46–51, 58, 69 f., 72, 76, 79, 89, 125, 128 f., 135, 142, 155
Dom-Aussichtsplattform 47
Dombauhütte 49
Domforum 48

Domhotel 49
Domplatte 47, 79
Domschatzkammer 46, 178
Drehbrücke 118
Druckhaus Deutz 167
Duftmuseum 57, 178

Ehrenfeld 150
Ehrenstraße 80
Eigelsteintor 11, 120
Eigelsteinviertel 92
EL-DE-Haus 21, 77, 183
Erzbischöfliches Generalvikariat 53
Erzbischöfliches Haus 85

Fabrik Carlswerk 174
Farina-Haus 57, 178
Fastnachtsbrunnen 58
Fernmeldeturm 129
Filmpalast 131
Flora 156 f.
Flughafen Köln/Bonn »Konrad Adenauer« 171
Fort I 134 f.
Fort IV 135
Fort X 135
Franziskanerkirche St. Marien 111
Friedenskirche 173 f.
Friedenspark 134
Fritz Thyssen Stiftung 80 f.
Funkhaus Köln des Deutschlandradios 140
Funkhaus Wallrafplatz 68

Galeria Kaufhof 66
Galerie Gmurzynska 140
Galeriehaus ads1a 156
Gartenstadt Stadion 148
Geomuseum 178
Gereonswindmühle 120
Gerling-Komplex 88
Gerling-Quartier 88
Gerling Ring-Karree 131
Geschäftshaus Frank & Lehmann 85
Grabeskirche 153
Griechenmarktviertel 23, 103
Großmarkthalle 21, 136
Groß-St. Martin 60
Gürzenich 64 f.

Hafenamt 118
Hahnenstraße 23, 30, 108
Hahnentor 11, 108, 120
Halle 10 118
Halle 11 118
Halle 12 118
Halle Kalk 169
Hansa-Gymnasium 126
Hansahochhaus 126
Hauptbahnhof 36, 51
Haus Albertusstraße 18 80
Haus Bachem 103
Haus Balchem »Zum Goldenen Bären« 114
Haus Behr 24, 159
Haus Belvedere 147
Haus Bing 107
Haus Brinkmann 146
Haus Delft 62
Haus Domizlaff 148
Haus »Em Hanen« 60
Haus Flach 92
Haus Gerhard Marcks 148

Haus Goldschmidt 48
Haus Gruhl 24, 132
Haus Hansaring 11 129
Haus Haubrich 147
Haus Hüttenstraße 22a 153
Haus »Im Walfisch« 62
Haus Moest 171
Haus Murges 149
Haus Neuerburg 57
Haus ohne Eigenschaften 147 f.
Haus Riphahn 148
Haus Saaleck 53
Haus Schierenberg 123
Haus Schneider-Wessling 113
Haus Schwarz 148
Haus Ungers 147 f.
Haus von Lom 97
Haus Wefers 72
Haus Wormland 53
Haus »Zum Dorn« 60, 63
Haus zum Pavillon 173
Haus »Zum Pelikan« 173
Haus »Zum Seil« 62
Haus »Zum St. Peter« 63
Haus »Zur Brezel« 60, 63
Heinrich-Böll-Platz 50
Helenenturm 79
Heribertschrein 167
Heumarkt 60, 63 f.
Historisches Archiv der Stadt Köln 133, 179
Historisches Rathaus 54, 58
Hochpfortenhaus 101
Hochschule für Musik und Tanz 91
Hochwasserpumpwerk Schönhauser Straße 137
Hohe Domkirche St. Petrus 36
Hohenzollernbrücke 19, 36, 51

Immanuelkirche 177
Im Mediapark 4 128
Institut Français 133

Jan-van-Werth-Brunnen 60
Jüdisches Museum 57, 181
Juniormuseum 106, 184
Justizgebäude am Appellhofplatz 77
Justizgebäude am Reichenspergerplatz 122, 124

Kalk 169
Kalker Kapelle 170
KAP am Südkai 121
Karnevalsmuseum 179
Kartäuserkirche 113
Käthe Kollwitz Museum 179
Kaufhof-Hauptverwaltung 104
Kettengasse 80
Kirche der katholischen Hochschulgemeinde St. Johannes XXIII. 145
»Kleines Haus« 75
Klein-St. Martin 65
Kölnischer Kunstverein 108, 180
KölnTriangle 165
Kölnturm 128
Kolping-Denkmal 70
Kolumba 70, 72, 180
KOMED-Haus 128
Königsdenkmal 63
Kontor 19 119
Kranhäuser 118
»Krieler Dömchen« 146

Kulturquartier am Neumarkt 106
Kunsthaus Rhenania 117
»Kunst-Station St. Peter – Zentrum für zeitgenössische Kunst und Musik« 105
Kunst- und Museumsbibliothek 180
Kupferhütte 174

Landeshaus 165, 181
Lanxess Arena 168
Legal/Illegal 138
Lindenthal 29, 142
Lintgasse 62
Lutherkirche 174
Lysolphturm 79

Madonna in den Trümmern 70
Malakoff-Turm 118
Maritim Hotel 64
Markmannsgasse 62
Martinsviertel 21, 62 f.
Mediapark 128
Melatenfriedhof 142
Messe 21, 30, 162 f.
Minoritenkirche 69
MiQua 56, 181
mittelalterliche Stadtbefestigung 42, 93, 119 f.
Mülheim 28, 172 f.
Mülheimer Brücke 173
Mülheimer Freiheit 172
Mülhens-Stammhaus 74
Museum für Angewandte Kunst 68 f., 181, 186
Museum für Ostasiatische Kunst 132, 181
Museum Ludwig 50, 147, 181, 186
Museum Schnütgen 24, 106, 182
Musical Dome 51

Naumannsiedlung 158
Neptunbad 152
Neue Seilerei 175
Neue Stadt Chorweiler 160
Neumarkt 24, 82
Neusser Straße 124
Neustadt 18, 29, 122, 135
Neu-St. Alban 65, 129
Neu-St. Heribert 166
Nippes 155
NS-Dokumentationszentrum 78, 183

Opernbrunnen 75
Opernhaus 74 f.
Ostermannbrunnen 62
Overstolzenhaus 98

Palatium 67
Parkcafé 165
Pfeilstraße 80
Philharmonie 50
Photographische Sammlung / SK Stiftung Kultur 183
Porz 171
Praetorium 57
Preußische Festungsanlagen 135

Rathaus 56
Rautenstrauch-Joest-Museum – Kulturen der Welt 24, 106, 134, 183
Regierungspräsidium 79
RheinauArtOffice 117

Rheinauhafen 19, 117 f.
Rheinboulevard Deutz 166
Rheinbrunnen 51
Rheinhallen 21, 30, 162 f.
Rheinisches Bildarchiv 133, 184
Rheinpark 164 f.
Rheinterrassen 164
Richmodis-Haus 82
Riehl 155
Rimowa-Fabrik 155
Ringstraße 122
Rodenkirchen 136
Rodenkirchener Brücke 141
Römerturm 79
römische Grabkammer 149 f.
römische Hafenstraße 49, 79
römische Keller 47, 79
römischer Abwasserkanal 49, 56, 79
römisches Nordtor 79
römische Stadtmauer 78 f.
Römisch-Germanisches Museum 30, 49 f., 107, 180, 184

Sachsenring 120
Sacrarium 167
Salzgasse 62
Schauspielhaus 23, 30, 74 f.
Schokoladenmuseum 118, 185
Seeberg 160
Seilbahn 165
Severinsbrücke 102 f.
Severinstor 11, 120
Severinsviertel 112
Siebengebirge 120
Siedlung Bickendorf 20, 154
Siedlungen des Neuen Bauens 148, 175 f.
Siedlung Zollstock 136
Silo 23 121
Skulpturenpark 185
Spanischer Bau 56
Staatenhaus 163 f.
Stadtarchiv 25, 30, 133
Stadthaus Deutz 168
Stadtmuseum 180
St. Agnes 124
St. Andreas 83
St. Aposteln 27, 81
Starpit-Brunnen 128
St. Bartholomäus 153
St. Cäcilien 105 f.
St. Corpus Christi 89
St. Dreikönigen 154
St. Engelbert 157
Sternenwellenzelt 164
St. Georg 101 f.
St. Gereon 85–87
St. Gertrud 125
St. Gregorius im Elend 112
St. Katharina von Siena 161
St. Kunibert 89, 91
St. Mariä Empfängnis 69
St. Mariä Himmelfahrt 52
St. Maria im Kapitol 65, 96
St. Maria in der Kupfergasse 75
St. Maria Königin 141
St. Maria Lyskirchen 100
St. Maria vom Frieden 110
St. Marien (Franziskanerkirche) 111
St. Marien (Gremberg) 169
St. Mechtern 150
Stollwerck 116 f.
St. Pantaleon 109
St. Petrus Canisius 176

St. Severin 114–116
St. Stephan 146
St. Theodor 170
Studierenden Service Center 144
St. Ursula 93
Südbrücke 19, 121
Synagoge 132

Tanzbrunnen 164
Tanzmuseum 185
Toyota-Zentrale Deutschland 150
Trinitatiskirche 16, 99 f.

Ubiermonument 79, 98
Ulrepforte 11, 120
Umspannwerk 128
Universität 14 f., 20, 28 f., 134, 143
Universitäts- und Stadtbibliothek 144
Ursulinenkirche St. Corpus Christi 89

VHS-Studienhaus 106
Vierscheibenhaus des WDR 76 f.
Villa Bestgen 123
Villenkolonie Marienburg 140
Villenviertel Müngersdorf 147

Wallraf-Richartz-Museum & Fondation Corboud 30, 58, 185
Wasserturm 103
WDR-Arkaden 73
WDR-Funkhaus Wallrafplatz 68
»Weckschnapp« 91, 120
»Weiße Stadt« 176
Weltstadthaus 75
Westwerk 109 f.
Wirtschafts- und Sozialwissenschaftliche Fakultät der Universität 144
Wohnanlage im Stadtteil Seeberg 160
Wohnhäuser der Neuen Sachlichkeit 141
Wohnhaus Machabäerstraße 56 89
Wohnquartier im Martinsviertel 63
Wohn- und Geschäftshaus Eigelstein 115 92
wohnwer[f]t 118

ZADIK – Zentralarchiv für deutsche und internationale Kunstmarktforschung 186
Zeughaus 78
Zoobrücke 165
Zoologischer Garten 156

Zum Autor

CORD BEINTMANN, 1951 in Essen geboren, studierte Germanistik, Politikwissenschaft und Geschichte. 1991–93 arbeitete er bei der Landeszentrale für politische Bildung Baden-Württemberg als geschäftsführender Redakteur der Zeitschrift *Deutschland und Europa*. Bis 2017 war er Studiendirektor und Fachberater für Deutsch, Geschichte und Gemeinschaftskunde beim Regierungspräsidium Stuttgart. Bei Reclam erschien von ihm der *Städteführer Stuttgart* (Universal-Bibliothek Nr. 14158). Er lebt als freier Kulturjournalist und Autor in Stuttgart.